멀티플렉스,
그 너머의
이야기

이 도서의 국립중앙도서관 출판예정도서목록(CIP)은 서지정보유통지원시스템
홈페이지(http://seoji.nl.go.kr)와 국가자료공동목록시스템(http://www.nl.go.kr/kolisnet)에서
이용하실 수 있습니다. (CIP제어번호 : CIP2020015802)

멀티플렉스, 그 너머의 이야기

초판 1쇄 발행 2020년 5월 1일

지은이 임종길, 노유선

펴낸이 임병천
펴낸곳 책나무출판사
출판신고 2004년 4월 22일 (제318-00034)

주소 서울시 영등포구 신길3동 325-70 3F
전화 02-338-1228 **팩스** 0505-866-8254
홈페이지 www.booktree.info

ISBN 978-89-6339-650-7 03810

멀티플렉스와 함께한
25년 간의 여정

멀티플렉스, 그 너머의 이야기

BEYOND MULTIPLEX

임종길(Jeff Lim), 노유선 지음

책나무출판사

프롤로그

1995년 여름.
회사 인트라넷에 올라온 한 장의 공고가 생각난다.
"멀티미디어 사업부의 인원을 충원합니다."

이 공고 한 장이 이후 23년간 나의 인생행로를
바꿔놓을 줄 그때는 꿈에도 생각하지 못했었다.
그때 내가 멀티미디어 사업부에 자원하지 않았더라면
아마도 나의 인생은 지금과는 많이 달라졌을 것이다.

그때 나에게 무슨 커다란 비전이나 야심이
있었던 것은 아니다. 멀티미디어 사업이라니!
그저 재밌을 것 같았고 멋져 보였다.

당시 내가 몸담고 있던 회사는 미국 할리우드에서 새로운 변화와 혁신의 가치를 내걸고 등장한 드림웍스에 3억 불을 투자하기로 하고 그들이 제작한 영화의 배급권을 갖는 사업적 파트너로 엔터테인먼트 사업의 1막을 연 상태였다. 내가 기억하기론 당시 그룹 매출의 약 30%를 투자한 도박에 가까운 모험이었다.

그 모험에 나도 일원이 되었다. 그때 대리였던 나는 이후 곧 과장이 되고, 부장으로 진급하고 중국 CGV법인장, 글로벌사업본부장, 인도네시아 CGV법인장을 거치며 회사 생활의 대부분을 CGV의 시작과 함께, 멀티플렉스가 대한민국을 넘어 글로벌로 나아가는 대장

정과 함께 했다.

그런데 CGV의 탄생 비화는 별로 알려져 있지 않은 것 같다. CGV라는 이름을 그저 멀티플렉스를 대변하는 고유명사처럼 생각하는 사람들이 많다. 오늘날의 CGV는 제일제당(CHEILJEDANG)과 호주의 빌리지로드쇼(Village Roadshow), 홍콩의 골든하베스트(Golden Harvest)가 합작으로 탄생시킨 조인벤처 기업이었고 이들 3개 기업의 이니셜을 따서 지은 이름이다.
나는 CGV에 합류한 이후
IMF의 파고를 넘으며 우리나라 최초의 멀티플렉스
CGV강변11을 오픈시키기도 하고

배낭 하나만 메고 중국에 진출해 우리나라 최초의
해외 멀티플렉스 1호점을 개관하기도 하고
종주국인 미국에 입점하기도 했다.
중국에서는 베이징 올림픽을 전후하여
그 눈부신 발전상을 바로 현장에서 목격할 수 있었고
베트남, 미얀마, 인도네시아 등
동남아시아 여러 나라에서는
새로운 가능성과 무한한 매력에 시야가 넓어지는
경험을 하기도 했다.

그 과정에서 아직도 미숙하지만,
나는 한 사람의 인간으로서 성장했다고 생각한다.

멀티플렉스와 함께한 나의 모험이었던 셈이다.
이 책은 멀티플렉스에 대한 이야기이다.
그리고 멀티플렉스뿐 아니라
그 너머의 이야기이기도 하다.
나를 성장시키고, 때로는 좌절하게 하고,
때로는 꿈에 부풀게도 했으며
그러면서도 늘 감동과 전율을 안겨주었던
멀티플렉스와의 긴 여정.

이제야 정리하게 된 멀티플렉스와 나의 여정에
조촐하게나마 독자 여러분을 초대하려 한다.

나의 초대가 지금의 젊은 세대에게는

조금이나마 응원이 되고,

해외에서 몸으로 부딪히며

맨바닥에서부터 쌓은 나의 경험이

해외 진출을 준비하고 있거나

이미 실행한 회사나 사람들에게는 작으나마

도움이 될 수 있기를 바란다.

그렇게 될 수만 있다면

더 없이 기쁘고 감사한 마음일 것이다.

| 목차 |

1장 영화관 이야기 … 15

2장 국경 없는 영화관 … 39

3장 중국 이야기 … 75

4장 마음과 이유 … 107

5장 인도네시아 이야기 … 127

6장 영화관에 간다는 것 … 169

1장

영화관 이야기

미래에서 온 영화관

—

어느 날, 당신 앞에 SF영화의 한 장면처럼 타임머신이 나타난다. 빨간 공중전화 부스 모양을 하고 당신을 태운 타임머신은 시간의 블랙홀 속으로 빨려 들어간다. 어리둥절해 있는 당신이 도착한 곳은 미래의 영화관 앞. 그런데 당신은 정신을 차릴 겨를도 없이 눈앞의 현실에 충격을 받고 만다.

"이게 영화관이라고?"

당신을 혼돈에 빠뜨린 풍경은 과연 무엇일까?

1. (아이러니하게도) 영화관이 멸망해 버렸기 때문이다.

지구상에 이제 영화관은 존재하지 않는다. 사람들은 모두 각자의 개인 기기로 영화를 본다.

2. 영화관이 완전히 낯선 공간이 되어 버렸다.

마치 조류로 진화해 살아남은 중생대의 공룡처럼 영화관은 이제 너무나 다른 공간으로 변모해버렸다.

정답은 몇 번일까?

오늘날 대부분의 전문가들은 1번이라고 입을 모은다. 시나리오 작법의 대가라는 로버트 맥기조차 '영화관은 망할 것'이라고 단언했다. 넷플릭스를 비롯한 OTT[1]의 초대형 쓰나미를 보고 있노라면 이것이 합당

---

1 OTT: 오버더 톱 서비스(Over-The-Top)의 준말. 인터넷을 통해 영화, 드라마, TV방송 등 각종 영상을 제공하는 서비스를 말한다. 대표적인 OTT업체로는 미국의 넷플릭스, 유튜브, 국내의 웨이브 등이 있다.

한 추론이라는 데 이의를 제기하기 어려운 느낌이 든다. 영화관은 이대로 멸망하고 마는 것일까? 오프라인 매장을 하나씩 철수하고 있는 백화점이나 더 이상 버티지 못하고 문을 닫은 세계적인 장난감 매장의 소식을 볼 때마다 그런 암울한 생각은 더욱 짙어진다. 영화관은 이대로 사라지고 마는 것일까?

누군가는 이렇게 말할지도 모른다. 중요한 것은 음식의 맛과 질이지 그것을 담는 그릇이 아니라고. 즉, 영화라는 콘텐츠가 중요할 뿐 영화를 담는 그릇으로써의 영화관은 있든 없든 상관없다는 말일 것이다.

하지만 나는 처음 항아리 칼국수를 먹었을 때, 음식을 담는 그릇만 하나 달라졌는데도 그 음식에 대한 추억까지 달라지는 느낌을 받은 적이 있었다. 음식의 맛과 온기를 그대로 전달해주는 그릇으로써의 영화관은 아직도 나에게 중요해 보인다. 그래서 나는 지극히 사심 어린 마음과 나의 경험을 바탕으로 '영화관이 있는 미래'에 판돈을 걸기로 한다.

그런데 영화관이 정확히 어떤 모습으로 미래에 존재할지 한번 말해보라면… 그것은 또 다른 얘기가 될 것 같다. 왜냐면 핸드폰과 퍼스컴이라는 전혀 다른 두 개의 기기가 만나 스마트폰이라는 혁신적인 창조물이 탄생했듯 영화관도(만약 나의 바람대로 살아남는다면) 아마 그런 식의 예측할 수 없는 변화를 겪지 않을까 하는 생각이 들기 때문이다. 무엇과 무엇이 만나 제3의 새로운 공간으로 거듭나게 될지 지금의 나로서는 확언하기 어렵다.

하지만 또 생각을 조금 달리하면 우리는 이미 '시작된 미래'를 목격하고 있는지도 모른다. 바로 복합문화공간 말이다. '미래는 어느 날 하늘에서 뚝 떨어지는 것이 아니다'라는 말을 믿는다면 미래 영화관의 모습도 현재 일어나고 있는 변화를 통해 어렴풋이나마 예측해 볼 수 있을 것이다.

호텔 안에 여행전문서점이 들어서고 15년 동안이나 문이 닫혀 있던 연초제조창(담배공장)이 문화제조창이라는 이름의 복합문화공간으로 탈바꿈하고 폐공장이 카페로 변신하고 있는 지금, 영화관도 이와 비슷한 변신을 거듭하고 있다.

한 개 관을 통째로 도서관으로 리모델링한 영화관에서는 쉽게 접할 수 없는 영화 전문 서적을 구비해 놓기도 하고, 야구를 사랑하는 도시에 입점한 영화관에서는 야구와 연계된 프로그램을 운영하기도 한다. 또 직장인이 많은 지역에 위치한 영화관은 점심시간 동안 낮잠을 잘 수 있는 시에스타 프로그램을 제공하기도 한다. 현재 CGV가 추구하는 '컬처플렉스', 메가박스의 '해피 메모리즈', 그리고 롯데컬처웍스의 '문화산업 마켓리더'는 모두 이런 변화와 맥락을 같이한다.

미래의 영화관은 과연 어떤 모습일까? 영화관의 종말을 단언하는 사람들이 점점 많아지고 있는 현실에서 이것이 과연 의미 있는 상상인지 반문할 사람도 있겠지만 나는 어쩐지 미래에도 사람들은 영화를 보러 극장에 가고 그 안에서 즐거움과 자기만의 추억을 쌓을 것이라는 낭만적인 기대를 하지 않을 수 없다.

영화관의 은밀한 유혹

- 스크린(SCREEN), 소리(SOUND), 좌석(SEAT): 3S

"3S를 아십니까?"라는 질문을 던진다고 하자.

이 물음에 '1980년대', '군부 독재 정권', '우민화 정책'과 같은 단어를 떠올린다면 당신은 386세대이거나 한국 근현대사에 관심이 많은 시민, 혹은 깨어있는 인문학도일 것이다.

그런데 영화관에도 3S가 있다. 바로 스크린(Screen), 소리(Sound), 좌석(Seat)이다. 오늘날 3S는 영화관이 살아남기 위해 최대 승부를 벌이는 격전지, 극장이 가정이나 다른 장소들과 경쟁할 수 있는 차별화의 승부처라고 할 수 있다.

여기서 다시 한번 질문.

오늘날 영화관의 생존을 위협하는 가장 큰 경쟁 상대는 어디일까? 눈치 빠른 독자는 이미 예상했겠지만 (조금 거칠게 말한다면) 그것은 바로 휴대폰이다. 이 책을 읽고 있는 지금 당신의 곁을 지키고 있는 휴대폰, 혹은 태블릿이나 노트북과 같은 개인 기기들이 바로 영화관의 맞수인 것이다.

혹시 당신은 이 책을 이북(E-북)의 형태로 보고 있지는 않은가? 물론 그럴 수도 있고 그렇지 않을 수도 있지만, 이 작고 전능한 휴대폰이 접근성과 친밀도 면에서 이미 영화관을 압도하고 저만치 따돌렸다는 사실만은 변치 않는다.

그렇다. 영화관은 영화라는 콘텐츠를 공급하던 독점적인 플랫폼의 지위를 잃어버린 지 오래되었다. 지하철에서, 버스에서, 출퇴근길에, 혹은 친구를 만나러 이동하는 시간에 보고 싶은 콘텐츠를 휴대폰이나 태블릿과 같은 개인 기기로 손쉽게 시청하는 모습은 이제 현대인에게 익숙한 풍경이 되었다. 스크린은 휴대폰 액정으로 대체되었고 음향은 이어폰을 통해 전달되고 영화관 좌석은 지하철 의자나 버스 좌석, 혹은 그냥 튼튼하게 딛고 서 있는 두 다리로 대체되었다.

그뿐만 아니라 극장에서 막 개봉한 최신 영화를 올레티비나, 비티비 등의 IPTV에서 극장 동시 상영으로 서비스하는 경우 역시 이제는 특별한 이벤트가 아니라 일상이 되고 말았다.

넷플릭스 등 OTT의 공격은 어떠한가? 2016년 한국에 진출한 넷플릭스는 이미 전 세계적으로 수억 명의 가입자를 확보하며 미디어 업계의 공룡이 되었다. 아마존은 물론이고, 디즈니, 애플도 곧 고유의 스트리밍 서비스를 시작할 것이라고 하니 영화관의 입지는 점점 좁아지고 있다고 해도 과언이 아니다.

특히 OTT는 전통적인 플랫폼이 지켜 오던 콘텐츠 유통의 생태계를 완전히 뒤바꾸는 일대 혁명을 지속적으로 시도하며 홀드백(극장 상영 이후 다른 매체에서 제공하는데 걸리는 시간)을 없애고 자체 투자한 콘텐츠를 영화관보다 먼저 개봉하거나 독점하는 방식으로 지각변동을 일으키고 있다.

이런 시대에 사람들이 굳이 영화관에 가서 영화를 봐야 하는 이유를 만들어 내는 것. 이것이 오늘날 영화관이 살아남기 위해 풀어야 하는 가장 큰 과제이다.

CGV 영등포에 '스타리움'이라는 영화관이 있다. 가로 약 36m, 세로 약 24m.

이 초대형 스크린 덕분에 스타리움은 2009년 당시 '세계 최대 스크린을 가진 영화관'으로 기네스북에 올랐다. 그런데 롯데시네마가 롯데월드타워에 스타리움보다 한 뼘 더 큰 '슈퍼플렉스 G'를 선보였다. 스크린 크기 경쟁이 시작된 것이다. 결국 '세계 최대 스크린을 가진 영화관'이라는 타이틀은 후발주자인 중국 극장 업체들이 가져가며 막을 내렸지만, 이 크기 경쟁은 스크린이야말로 극장이 극장답게 승부할 수 있는 마지막 승부처라는 것을 방증하는 하나의 사례라고 생각한다.

스크린을 극대화한 대형관으로는 아이맥스(IMAX)를 빼놓을 수 없다. 아이 맥시멈(Eye Maximum)의 준말인 아이맥스는 '인간의 눈으로 볼 수 있는 최대치의 영상'을 제공하겠다는 의미를 담고 있는데 그 뜻 그대로 탁월한 스펙터클로 관객의 발걸음을 사로잡고 있다.[2]

THX, 돌비 애트머스, 소닉티어, 오로3D, 하먼 사운드 시스템 등 특화된 오디오 시스템을 도입한 영화관들은 차별화되는 사운드로 관객의 발길을 이끈다. 〈보헤미안 랩소디〉와 같은 음악영화를 볼 때 사운드는 특히 중요해진다. 사운드를 제대로 감상하기 위해 극장에 간다는 관객이 있을 정도이다. 메가박스의 M관이 대표적인 사례라 할 만하다.

CGV의 골드클래스, 롯데시네마의 샤롯데, 메가박스의 부띠크M.

이들 영화관들은 편안함으로 승부한다. 프리미엄 의자를 설치한 영화관들이다. 그런데 여기서 한발 더 나아간 것이 바로 침대극장이다. CGV에서 선보인 템퍼시네마는 내 집 안방에서처럼 누워서 영화를 본다라는 콘셉트를 극장에 입혔다.[3] CGV 인도네시아의 '벨벳'이라는 콘셉트가 베트남의 '라무르'를 거쳐 한국 본사로까지 역수출된 사례로 특기할 만하다.

"영화 내에서 좋은 음악은 안 들려야 하고, 좋은 미술은 안 보여야 하고 좋은 촬영은 부각되지 않아야 한다고 생각한다."[4]

2017년 680만이 넘는 관객을 동원한 〈범죄도시〉의

2, 3 〈멀티플렉스 레볼루션(2018, 조성진 저)〉 발췌.

4 네이버 블로그 '가려진 시간'. 〈범죄도시〉 강윤성 감독과의 대화 中

강윤성 감독이 한 말이다. 아무리 좋은 영화 음악, 세트와 미장센, 촬영도 그 자체로 도드라져서는 의미가 없다는 뜻일 것이다. 이 모두는 영화를 위해 봉사해야 하며 영화 속에서 자리를 지키고 기능할 때 진정한 생명력을 얻게 된다.

마찬가지로 영화관의 3S도 '영화를 보는 즐거움'을 위해 온전히 봉사해야 한다. 이들이 가진 각각의 기능들이 제대로 작동을 할 때 관객들은 영화관을 찾을 이유를 하나 더 갖게 되는 것이다.

진화하는 영화관

영화라는 콘텐츠를 공급하는 플랫폼으로 독점적 지위를 상실한 오늘날의 영화관은 사양길에 접어든 것일까? 텔레비전이 발명된 후 영화관의 종말을 예견한 여러 관측들이 보기 좋게 빗나갔던 지난 시대와는 달리 현재 영화관이 처한 상황은 그리 녹록해 보이지 않는다. 휴대폰을 비롯한 영화관의 경쟁자들은 인피니티 스톤을 모두 모은 타노스보다 막강하지 않는가?

이런 상황에서 영화관은 살아남기 위해 틀을 깨는

방식으로 생존 전략을 구사하고 있다. 하나는 4DX나 스크린X로 대표되는 특별관 전략이고 다른 하나는 씨네 드 쉐프, 씨네&포레와 같이 특화된 관람 환경과 서비스를 제공하는 방식이다.

두 가지 방향성은 한 가지 공통점을 지니고 있는데 바로 기존의 고정관념을 깨고 영화관이라는 공간에서만 누릴 수 있는 특수한 경험과 감동을 제공하는 방식이라는 것이다. 가령 2009년에 개발된 후 2019년 9월까지 65개국에 수출된 4DX의 경우, '움직이는 영화관'이라는 콘셉트로 기존 영화관이 가진 고정관념을 깨뜨렸다.

영화의 장면에 따라 의자(모션체어)가 움직이기도 하고 안개, 물방울, 좌우 앞뒤 움직임, 눈보라 등의 환경 효과를 동원하기도 한다. 〈겨울왕국〉을 관람할 때 몰아치는 눈보라, 〈앤트맨〉을 볼 때 개미가 발밑에서 기어 나오는 것 같은 간지럼(바람 효과), 〈신과 함께〉

를 볼 때 등 뒤에서 몰아치는 열기 등 4DX가 제공하는 환경 효과는 점점 다채로워지고 있다. 영화 자체의 발전이나 TV의 발달과는 달리 영화관 산업의 경우 기술적인 진화는 간과되는 경향이 있는데 4DX는 이를 뒤집고 기술 집약적인 면모를 보여주고 있다.

또 4DX는 중국, 일본, 미국은 물론 이집트, 베네수엘라, 유럽 등 해외 수출 비중이 높고 전파 속도 면에서도 특별관의 대표 주자라 할 만한 아이맥스를 크게 앞서고 있다. 처음 어린이 교육용 에듀테인먼트로 출발했던 4DX의 상업적인 발전은 주목할 만하다.

실제로 2019년 미국의 '패스트 컴퍼니'가 가장 혁신적인 기업으로 CJ 4D플렉스(4DPLEX)를 꼽은 것도 4DX의 가능성을 방증하는 하나의 예시라고 할 것이다.[5]

---

5 한국경제. (2019.3.14). 세계 최고 혁신기업에 'CJ 4D플렉스' 선정.

스크린X의 경우 기존의 상식을 깨뜨린다는 측면에서 보다 파격적인 면모를 보인다. '스크린은 정면에 존재한다'는 영화관 탄생 이래 백 년 넘게 고정된 상식을 깨뜨리고 벽면 삼면을 스크린으로 활용하여 다면 상영관의 탄생을 알린 것이다. 〈캐리비안의 해적4〉에서 바다가 갈라지는 장면을 3면의 스크린으로 관람할 수 있다면 생각만으로도 스펙터클 한 경험이 아닌가?

그러나 모든 영화가 4DX나 스크린X로 만들어지지는 않는다. 그리고 현실적으로 그럴 수도 없다. 그것은 4DX와 스크린X로 만들어지는 영화의 리스트를 봐도 바로 알 수 있는 사실이다. 소위 '돈 되는 영화'들 위주로 만들어질 수밖에 없는 태생적인 한계가 있는 것이다.

또 모든 사람들이 4DX나 스크린X를 좋아하는 것도 아니다. 정확한 영화적 감흥를 위해 4DX 영화를 본 후 2D 영화로 재관람하는 사람들도 있다. 이 또한 지지할 만한 일이라고 생각한다. 그러나 4DX나 스크린X로 누릴 수 있는 영화적 즐거움이 분명히 존재하고 더욱 몰입할 수 있는 영화가 있다고 생각한다. 4DX만이 줄 수 있는 즐거움, 스크린X만이 줄 수 있는 영화적 쾌감이 분명히 존재하는 것이다. 돈을 지불하고 이것을 선택하는 관객들이 점점 늘어나고 있는 추세라는 것은 많은 것을 생각하게 한다.

이와 더불어 씨네 드 쉐프나 씨네&포레 등 공간 자체를 특별하게 만드는 방식의 경우 '고급 레스토랑에서 영화를 본다', '나만의 전용 공간에서 영화를 본다', '비행기 일등석에서 영화를 본다'와 같은 콘셉트를 공간에 입힌 것이라고 할 수 있다. 특별한 공간과 분위기는 사람들에게 특별한 기분을 선사한다. 백화점의 명품관이나 라스베이거스의 카지노 같은 공간들처럼 말이다. 사람들은 특별한 것에 기꺼이 지갑을 열어 돈을 지불한다.

이런 시도에 대해 일시적인 이벤트성 마케팅이라고 치부할 수도 있겠지만, 비 오는 날 야외 상영관에서 우산을 쓰고 이와이 슌지 감독의 〈러브 레터〉를 본 것이 평생 기억에 남는 특별한 경험일 수 있듯 이들 특별관의 진화는 영화 관람의 경험을 조금 더 특별하고 다양하게 만들며 관객들로 하여금 또 다른 추억을 갖게 한다고 생각한다.

영화관이 영화를 담은 그릇이라는 너무나도 당연한 고정관념을 깨뜨리는 방식으로 생존을 도모한다는 것은 역설적이지만 많은 것을 시사한다. 때로 그 전략은 적중할 수도 있고 시행착오의 선례로 남겨질 수도 있지만 생각의 틀을 깨야 살아남을 수 있다는 점만은 움직일 수 없는 교훈이다.

이제 영화관은 단순히 영화를 보는 공간에서 경험과 감동을 구매하는 공간으로 확장하고 있다. 이것을 영화관의 진화라고 단언할 수 있을까? 혹시 영화관의 본질에서 벗어난 일은 아닌가?

지금 당장 그 답을 내릴 수는 없지만 아직도 영화관이 가지고 있는 경쟁력에 대해 조금은 더 고무적으로 볼 만한 지점이라고 생각한다.

2장

국경 없는 영화관

변경(邊境)이 없는 시대

"인도…에서 오셨다고요?"

내가 인도네시아에서 왔다고 하면 한국 사람 열에 여덟 정도에게서 돌아오는 반응이었다. 인도와 인도네시아. 얼핏 나라 이름이 비슷하기는 하지만 관습도 문화도 전혀 다른 두 나라를 헷갈리는 사람들이 이렇게 많다니. 인도네시아를 알게 된 것을 행운으로 여기고 있는 나로서는 조금 안타까운 느낌이 드는 일이기도 하다.

2018년에는 제18회 아시안 게임을 개최한 나라이기도 하고, 자바원인이라는 용어는 한 번 쯤 들어봤을 법도 한데 교과서적인 지식과 실제로 지구상에 존재하는 국가로서의 인도네시아를 연결시키는 것은 또 다른 일인 듯하다. 아마 한국 사람들의 '마음속 지도' 위에 아직 인도네시아와 같은 동남아시아 나라들의 위치가 미국이나 중국, 일본과는 달리 희미하기 때문일 것이다.

인도네시아뿐 아니라 베트남, 미얀마 등의 경우도 사정은 크게 다르지 않아서 대개의 한국 사람들에게는 발리, 롬복, 하롱베이, 하노이 등과 같은 몇몇 관광 명소나 음식, 커피 등의 선별적인 정보만 알려져 있는 것 같아 많이 안타깝다.

인도네시아, 말레이시아, 베트남, 캄보디아, 미얀마, 이들 동남아시아 국가들은 우리나라보다 아직 경제 발전은 뒤져 있을지라도 알고 보면, 그리고 알아 가면 알아갈수록 더욱 흥미롭고 멋진 나라들인데 말이다.

사실 위에서 말한 나라 중 대부분이 CGV의 신흥 진출국들이다. 2011년 베트남, 2013년 인도네시아, 2014년 미얀마 순으로 CGV가 닻을 올렸다.

2006년 11월 상하이에 1호점을 오픈한 후 현재 중국 내 극장 사업자 3위에 등극하며 글로벌 진출에 성공적인 첫발을 내디딘 CGV는 그 후 동남아시아로 눈길을 돌렸다. CGV가 진출국을 고를 때는 명확한 기준이 있다. 적어도 대한민국보다 인구가 많아야 하고, 30세 이하 연령층이 많고, 연간 영화 평균 관람 횟수가 1회 미만이어야 한다. 그래야만 향후 성장 가능성을 담보할 수 있기 때문이다.

바꿔 말하면 베트남, 인도네시아, 미얀마. 이 나라들은 젊고 성장 가능성이 풍부한 나라들이라는 뜻이다. 앞으로 이들 나라의 문화 산업이 어떻게 성장해 갈지, 그리고 우리나라 사람들이 어떻게 기여할 수 있을지 그런 생각을 하면 가슴이 설레고 심장 박동이 빨라지기도 한다.

물론 나도 처음부터 이런 생각을 했던 것은 아니다. 2012년 직항이 없어 방콕을 거쳐 미얀마에 도착했을 때만 해도 '아, 정말 이런 데서까지 해외 사업을 해야 하나?'라는 오만한 생각을 하기도 했었으니까 말이다. 한때 수도였던 양곤에 있는 제일 좋은 호텔에서 와이파이 연결이 안 되고 전화가 안 터져 본사와의 소통이 힘들었을 때는 사업에 대한 불확실성뿐 아니라 인간적인 회의감이 들기도 했다. 관점의 차이나 문화적인 이질감이 이유가 아닌, 오직 물리적인 문제로 본사와의 소통이 어려웠던 적은 처음이었기 때문이다.

극장 산업의 현실을 보고서는 더욱 기가 막혔다. 당시 미얀마에서는 외화에 자막을 입히거나 더빙을 할 수 없도록 법률로 제한되어 있었다. 거칠게 말하면 아무도 알아듣지 못하는 외국 영화를 극장에서 그대로 상영하는 셈이었다. (그래서인지 영화 편성도 '말이 필요 없는 장르', 즉 공포나 액션 위주로 프로그래밍이 되고 있었다.)

우리나라의 60-70년대와도 비교할 수 없는 열악한

현실이었다. '이런 곳에서 과연 극장 산업이라는 것이 가능할까' 나는 이런 의구심을 느끼지 않을 수 없었다.

하지만 미얀마는 이 모든 의혹과 회의를 불식시키고 진출한 지 5년도 안 되어 눈부신 속도로 성장하고 있는 나라이다. 진출 당시 1불도 안 되던 영화 티켓은 이미 2.5불 정도로 두 배 이상 가격이 상승했고, 기존의 열악한 극장 관람 환경 역시 CGV가 진출한 후 쇼핑몰 내 컬처플렉스 콘셉트를 도입하면서 질적인 변화를 이루어냈다.

좀 더 멀리 길게 보고 미리 투자를 하자는 생각이 보상을 받은 결과라고 생각한다. 시장이 좋아지고 커지면 그만큼 진입 비용도 커지고 기회도 줄어들 것이니, 밭을 가는 농부의 마음으로 씨를 뿌리면 후에 결실이 있을 것이라는 처음의 판단이 옳았던 셈이다.

장하준 교수의 〈나쁜 사마리아인들〉에 인상적인 에피소드가 하나 있다. 당시 소위 선진국인 호주인과 독일인이 절대 발전할 수 없을 것이라고 단언했던, 아시아의 한 미개한 나라에 대한 이야기였다. 게으르고 시간관념도 없고, 믿을 수도 없는 국민들. 그래서 희망이 없는 나라라고 낙인이 찍힌 그 나라는 어디일까? 위에서 열거한 동남아시아 국가 중 하나일까?

아니다. 그 나라는 일본이다. 일견 타당한 근거를 나열한 호주인 선교사의 단언이 있은 이후 우리가 아는 경제대국 일본으로 발전하는 데까지는 백 년도 채 걸리지 않았다.[6]

지금은 한없이 낙후된 것으로 보이는 나라들이라도 50년 후에 어떻게 변신할지는 아무도 장담할 수 없는 일이다. '외면을 중시하는 자의 내면은 졸렬하다'는 말도 있듯이 어떤 나라와 민족의 잠재력과 가능성은 보지 못한 채 겉으로 드러난 단편적인 사실만으로 판단하는 것은 외모만으로 사람을 판단하는 것과 똑같이 천박한 일인지도 모르겠다.

---

6 〈나쁜 사마리아인들(장하준, 2011)〉 발췌.

해마다 노벨 문학상 후보에 오르는 일본 작가 무라카미 하루키는 자신의 여행기에서 '미국 대륙을 자동차로 횡단하는 것과 시코쿠에서 사흘 내내 하루 세끼를 오로지 우동만 계속 먹어대는 것 중 도대체 어느 쪽이 변경(邊境)인지 잘 모르겠다'고 하며 지금을 변경이 소멸한 시대라고 말하기도 했다.

아마 하루키는 돈만 내면 어디를 가든 익숙한 편리성을 확보할 수 있는 지금 시대의 획일성을 안타까워한 것인지도 모르겠다. 모든 곳이 중심을 지향하기에 변경은 점점 줄어들고 변경이 가진 놀라움과 의외성의 마법도 사라지고 있다.

'주변에서 보면 더 잘 보인다' 라는 말처럼 변경은 인식의 지평을 넓혀주는 장소이다. 또 '여기가 아닌 저기'를 꿈꾸게 하는 힘이 있기 때문에 귀하다. 그리고 인간이 인간답기 위해서는 이런 장소가 절실하게 필요한지도 모른다.

나에게 베트남, 인도네시아, 미얀마는 변경의 감각을 허락해준 나라들이었다는 생각이 든다. '자기 자신 속에는 아직까지도 변경을 만들어낼 수 있는 장소가 있다고 믿는 것'이 중요하다고 한[7] 하루키의 말을 나는 이 나라들에서 실감했다.

여러분에게는 변경이 있는가? 자기 지도 안에 변경을 만들어내려는 노력만으로도 나는 인생이라는 여행길에서 조금은 더 성장할 수 있다고 생각한다. 마지막으로 나의 지도 안에 변경을 마련해준 베트남, 미얀마, 인도네시아에 감사한다.

---

7 〈나는 여행기를 이렇게 쓴다(무라카미 하루키, 2015)〉

7월의 눈보라

> 아카시아가 언제 흰 두레방석을 깔었나
> 어디서 물큰 개비린내가 온다.[8]

천재 시인이라 불리는 백석의 시, 〈비〉의 전문이다. 비를 맞아 땅에 떨어진 아카시아 무리를 보고 하얗고 두툼한 돗자리를 떠올린 시인의 감수성에 감탄하다가, 〈통영〉이라는 시에서는 '김 냄새가 나는 비'라는

---

8 〈나와 나타샤와 흰 당나귀(백석, 1999)〉

표현에서 후각을 자극하는 싱그러운 솜씨에 경탄을 금치 못했다.

천재 시인의 시심에 미치지는 못하겠지만 나도 비를 무척 좋아한다. 특히 비 오는 날 흙에서 나는 달짝지근한 냄새와 비 내린 후 대기에 가득한 맑게 씻긴 공기를 좋아한다. 빗소리를 듣는 것만으로도 어떤 날은 경쾌한 라디오를 듣는 것처럼 하루 종일 기분이 가벼워지기도 하는 것 같다.

그런데 그 좋아하던 비도 인도네시아에서는 마냥 반가울 수가 없었다. 비가 내리면 극장 매출이 20~30%나 감소하기 때문이었다. 2013년부터 인도네시아 법인장으로 주재하는 4여 년 동안 나는 마치 골프장 사업자처럼 날씨에 민감해졌다. 오죽했으면 매일 아침, 마당에서 하늘을 올려다보는 일로 하루 일과를 시작했을까?

그러나 세상사 하나를 잃으면 하나를 얻는 법인지, 인도네시아의 날씨에 대한 나의 노심초사는 우리 가

족에게 예쁜 추억 한 토막을 남겨주기도 했다. 내가 매일 아침마다 마당에 나가 날씨를 가늠하고 있으면 당시 아직 어렸던 우리 아이들이 따라 나와 내 옆에서 옹기종기 하늘바라기를 같이 해줬다. 얼마쯤 지났을까? 한참 그렇게 있다 보면 아침 식사 준비를 마친 아내까지 합류해서 온 식구가 고개를 들고 하늘을 올려다보는 모양새가 되어 있었다. 이제는 추억이 된 우리 다섯 식구의 인도네시아 아침 풍경이었다.

우리나라도 이제는 '뚜렷한 사계절'이라는 말이 점점 옛말이 되어 가고 있지만, 사시사철 더운 인도네시아에는 두 개의 계절만 존재한다. 건기와 우기이다. 건기는 대략 4월부터 9월까지, 우기는 10월부터 3월까지라고 볼 수 있다.

관개 시설이 좋지 않았던 옛날에는 수도인 자카르타에도 스콜이 한 번 내리면 소형 나무배를 타고 다녀야 할 정도였다고 한다. 인도네시아에서 처음 맞는 우기에는 폭우로 사무실 접근이 안 되어 출근하던 모든 직원들을 집으로 되돌려보낸 적도 있고, 세단으로 된 차량은 낮은 차체 때문에 운행이 어려워 모든 회사 차량을 SUV로 바꾸기도 했다.

학창 시절, 세계 지리 교과서에서나 접했던 스콜을 현지에서 처음 경험했을 때는 그 현장감만으로도 신기한 기분이 들었지만, 극장을 오픈하고 인도네시아 사업이 궤도에 오른 후에는 그런 낭만적인 감정은 즐길 겨를도 없이 매출에 직접적인 영향을 미치는 상수로 늘 신경을 곤두세우지 않을 수 없었다. 일을 하다 보면 호불호도 달라지고 개인의 취향마저 바뀌는 것일까? 씁쓸하다고 해야 할지 자연스러운 변화라고 담담히 받아들여야 할지 모를 일이다.

그런데 글로벌 비즈니스를 할 때 신경 써야 할 것은 특수한 기후 현상만은 아니다. 한국과는 전혀 다른 문화나 관습, 정치 상황이나 법규도 상수로 관리하지 못하면 어김없이 곤경에 처하게 된다.

이런 현실을 극적으로 보여주는 TV 드라마의 한 장면이 있다. 디즈니에 인수된 마블 스튜디오의 흥행작 〈캡틴 아메리카〉 시리즈의 스핀오프 정도 될까? 캡틴 로저스의 연인, 페기 카터를 주인공으로 한 미국 ABC의 〈에이전트 카터〉 시즌 1에 이런 에피소드가 나온다.

카터 요원은 2차 세계 대전 중 남자 요원들 이상으로 맹활약하던 인재였다. 하지만 종전이 되고 평화가 도래하자 남자 요원들은 카터를 전화나 받고 뒤치다꺼리나 하는 보조적인 존재로 취급하게 된다. 카터는 이미 입증된 능력마저 깎아내리는 남성 중심의 조직에서 제대로 된 임무를 부여받기 위해 고군분투한다.

그러던 어느 날 자신이 직접 작전을 수행한 바 있는 벨라루스에서 해결하기 곤란한 사건이 발생하고 카터 요원은 자기야말로 이 사건의 적임자라며 국장에게 파견해 줄 것을 요구한다. 이에 남성 우월의식이 강한 톰슨 요원은 즉각 반대를 하고 나선다. 그러자 카터 요원은 이렇게 묻는다.

"톰슨 요원, 한여름에 벨라루스에서 청어 냄새가 나면 뭔지 알아요?"

첨예한 상황과는 걸맞지 않게 한가한 날씨 타령이나 하고 있다고 생각한 톰슨은 "누가 생선튀김이라도 먹나 보죠?"라며 비웃는다. 그러자 카터는 '발트해에서 바람이 불어올 거고 7월에 눈보라가 친다는 거죠. 그 냄새가 나면 30분 내로 피신처를 찾아서 불을 피워야 밤새 저체온증으로 죽지 않죠.'라고 받아친다.[9] 현장에 있지 않고서는 결코 알 수 없는 정보를 통해 자신의 진가를 증명하고자 했던 것이다.

벨라루스에서 7월에 눈보라가 치는 것처럼 중국 하얼빈에서는 10월에 수도관 동파 사고가 일어날 수 있

---

9 Markus, C. (Producer). (2015). Agent Carter. [TV Series]. New York: abc

다. 중국에서는 소방법을 핑계로 1년 이상 인허가가 나지 않을 수도 있고, 인도네시아에서는 공사 중 잦은 지진으로 영화관의 천장이 무너지는 사고가 일어나기도 한다. 또 전언에 의하면 터키에서는 역사 다큐멘터리에나 나옴 직한 군부 쿠데타가 발발해서 가슴을 졸이기도 했다고 한다.

이것은 모두 한국에서는 상상하기 어려운 일들이다. 그러나 해외 진출을 할 때면 언제 어떻게 맞닥뜨리게 될지 모르는 일이기도 하다.

해외 진출을 할 때 얼마나 철저한 사전 준비와 공부가 필요한지, 그럼에도 불구하고 실제로는 언제 어떤 상황을 맞닥뜨리게 될지는 아무도 모른다. '청어 비린내'와 '7월의 눈보라'를 연결시키는 능력도 중요하다. 한국에서는 단순한 비린내로 그치고 말 청어 냄새가 이역만리에서는 목숨을 살릴 수도, 앗아갈 수도 있는 하나의 시그널이 될 수 있는 것이다.

그런 시그널을 읽어내려면 어떻게 해야 할까? 한국적인 상식을 고집하지 않아야 하고 겸손하게 배우며 현지 문화를 존중하고 이해해야 한다.

인도네시아에서는 너무나 비극적인 사건이 있었다. 인도네시아 사람들은 흔히 성격 급한 한국인들이 화내는 모습을 보면 도저히 이해하지 못하겠다는 제스처를 취하곤 한다. 이것은 인도네시아 어디에서건 심심찮게 볼 수 있는 풍경이다. 그런데 머리를 신성시하는 인도네시아의 관습을 모르고 홧김에 머리를 때린 한국인 주재원이 보복 살해를 당한 참혹한 일이 있었던 것이다. 말로 표현할 수 없을 정도로 안타까운 사건이 아닐 수 없다. 꽤 오래된 일이기는 하지만, 인도네시아의 문화나 관습을 공부할 기회가 미리 주어졌더라면 일어나지 않을 수 있는 비극이 아니었을까, 너무나 마음이 아픈 일이라고 생각한다.

해외에서 일을 한다는 것은 여행이나 공부를 하는

것과는 많은 면에서 다르다. 많은 기회를 포착할 수 있고 좋은 친구들을 사귀며 인생의 폭을 넓힐 수 있지만, 그 전에 먼저 자신이 그 문화 안에서 인정받을 수 있는 사람이 되도록 노력해야 한다. 그것은 미덕이기도 하지만 자신을 지킬 수 있는 하나의 안전망이 되기도 한다.

안전망을 만들기 위해 어떤 노력이 필요한지는 진출한 문화권마다, 사업 환경마다 다를 것이지만 단 두 가지는 늘 기억해야 한다. 하나는 타국에서는 한국인이 이방인이라는 것. 다른 하나는 그 이방인이 진심을 다해 소통하려 노력하면 그 마음을 알아줄 좋은 사람은 지구상 어디에나 있다는 것이다.

여러분이 지구상 어디에 가더라도 7월의 눈보라를 이기고 안전하고 훌륭하게 자신의 임무를 완수할 수 있는 특급 에이전트가 되기를 기원한다.

미드나잇 인 홍콩

내가 갓 회사 생활을 시작했던 1980년대 말까지만 해도 지금처럼 해외를 자유롭게 출입한다는 것은 상상하기 어려운 일이었다. 우리나라에서 관광 목적의 여권이 발급되기 시작한 것이 1983년 1월 1일. 해외여행 자유화가 실시된 것이 1989년이니 그전까지 해외여행은 꿈도 꿀 수 없는 일이거나 혹은 특권층의 전유물이었던 셈이다.

1989년, 해외여행 자유화가 실시되기 전까지 관광

여권을 신청할 수 있는 자격은 50세 이상의 국민에게만 있었다. 만약 아직까지 해외여행 자유화가 실행되지 않았다면 독자들 중에는 외국 땅 한 번 밟아 보기까지 앞으로 한참을 더 기다려야 하는 사람들도 적지 않을 것이다.

나이가 차서 관광 여권을 신청할 수 있게 되어도 일회용 단수 여권밖에는 발급되지 않았다. 그마저도 학력, 재산 정도, 납세 이력까지 모두 증명해야 손에 쥘 수 있었으니 발급 요건이 여간 까다로운 것이 아니었다. 또 당시로써는 200만 원이라는 거금을 관광예치금으로 계좌에 넣어두지 않으면 출국할 수 없었다. 우리나라 사람들이 해외여행을 특별한 것으로 여기는 인식은 어쩌면 이때 생긴 것인지도 모르겠다.

더욱 재밌는 것은 가족 구성원 전원이 관광 여권을 신청하는 일도 허용되지 않았다고 한다. '일가족 해외도피'가 우려된다는 이유에서였다. 지금과 같은 가족 해외여행은 상상도 할 수 없는 일이었던 셈이다.

호랑이 담배 먹던 시절의 옛날얘기 같지만 불과 30여 년 전 일이다. 남북이 분단되어 유라시아 대륙과의 연결이 끊어진 한국이 지구상의 섬 아닌 섬으로 존재하던 시절이었다.

그런데 나보다 좀 더 연배가 높은 선배들의 이야기를 듣다 보면 호랑이가 쑥을 먹다가 동굴을 박차고 나가는 고조선 시대의 신화처럼 들릴지도 모르겠다. 다른 업계에 40년 가까이 종사했던 모 선배는 1980년대에 생애 처음으로 '일본 출장'이라는 것을 가게 되었는데 출국 전 어느 날, 총무과에서 조용히 부르더라는 것이다.

이유인즉슨 '본인은 일본 출장을 갔다 온 후 향후 3년 동안 절대 회사를 그만두지 않겠습니다'라는 비장한 내용의 각서에 지장을 찍지 않으면 출장을 갈 수 없다고 했다는 것이다. 비행기로 2시간 거리의 일본이 아니라 어디 달나라 출장이라도 보내는 듯한 느낌이다. 회사 생활을 하고 일정 기간이 지나지 않으면

(내 기억에는 과장 이상이었던 것 같다) 해외 출장을 갈 자격도 주어지지 않던 시절, 각서의 법적인 효력은 차치하고서라도 시대의 풍경이 느껴지는 웃지 못할 에피소드가 아닐 수 없다.

전반적인 시대 분위기가 그러했으니 합자회사 설립을 위해 처음 홍콩 출장을 갔을 때 내가 느꼈을 충격을 짐작할 수 있을 것이다. 때는 1996년이었지만 90년대 중반까지도 섬 아닌 섬과 같은 시대 분위기는 크게 달라지지 않았었다. 사람의 인식이 바뀌고 변화가 일어나는 것은 시간이 흐른다고 자연스럽게 해결되는 문제가 아닌 것 같다. 오히려 생각 없이 흐른 시간은 입증되지 않은 고정관념을 더 고착화시키기도 한다.

1996년 가을, 입사한 지 7년 차에 접어들던 무렵이었다. 그때 나는 사실 해외 업무가 처음은 아니었다. 멀티미디어 사업부에 조인하기 전까지 생활화학 사업본부에서 일본과의 업무를 주로 하고 있었는데 신상

품 개발, 기술 도입을 위해 일본 라이온(Lion)사의 카운터 파트너들과 미팅도 많이 했었고 일본 출장도 자주 갔었다. 그때 론칭했던 제품들 중에는 배우 김혜자씨가 광고했던 "때가 쏙, 비트!"가 제일 많은 사랑을 받았다. 그 밖에도 슈슈, 식물나라, 참그린 등 추억의 하우스 홀드 제품들이 모두 그때 시장에 선보인 제품들이다.

이원복 교수의 〈먼나라 이웃나라〉였던가? 조금 기억이 가물거리지만 거기에 이런 얘기가 나온다. 일본인과 한국인의 생김새가 비슷하다고 해서 사고방식이나 기질까지 대동소이하겠거니, 안일한 생각으로 접근했다가는 큰코다친다는 이야기였다. 그 말에 너무나 동의한다. 일본에서 비즈니스를 하든, 공부를 하든 한국인에게 피가 되고 살이 되는 조언이라고 생각된다.

하지만 전통적인 서열문화, 유교적인 관습, 상대의 체면을 중시하는 태도 등 일본 파트너들과는 기본적으로 공유할 수 있는 정서적인 토대가 있었다. 그래서 별로 이질감을 느끼지 않고 업무를 진행할 수 있었던 것 같다. 일본을 경험해 봤으니 같은 아시아인 홍콩이라고 크게 다르랴? 은연중에 나는 그런 생각을 했는지도 모르겠다.

홍콩에 도착하고 먼저 골든 하베스트의 레이먼 초우 회장님을 만났던 것으로 기억한다. 당시 홍콩은 영화사가 배우와 스튜디오를 끼고 영화를 제작하던 인하우스 시절이었다. 거대 스튜디오를 방문하고 유명 배우들도 직접 보았다. 그때까지는 긴장할 필요도 없었고 단지 좀 신기하다는 느낌만 있었을 뿐 특별히 새로울 것도 없었다.

그런데 내가 갖고 있던 이 안일한 자만은 골든 하베스트 직원들과 첫 미팅을 하는 순간 완전히 깨지고 말았다. 90년대 중반, 같은 아시아인이라고는 믿기지 않는 그들의 유창한 영어 실력과 세련된 테이블 매너, 유려한 비즈니스 화법. 거기다 당시의 나로서는 상상도 할 수 없는 글로벌한 마인드까지. 나는 완전히 압도당했었다.

솔직히 그때 내 느낌으로는 같은 지구상에 존재하는 지구인이 맞나 싶을 정도였다. 저들은 도대체 얼마나 앞서가고 있는 것인가… 그리고 나는 지금까지 무엇을 하고 있었던가… 한없이 작아지는 느낌과 함께 주눅이 들었다.

당시 삼십 대 후반을 향해가던 나에게는 커다란 충격으로 다가온 사건이었다. 하지만 그 경험을 통해 비로소 내가 갇힌 틀을 인식했던 것 같다. 생각하는 대로 살지 않으면 사는 대로 생각하게 된다는 말이 있다. 넓은 세상을 보지 않으면 자신이 얼마나 좁은 우물에서 유유자적 혼자만의 물놀이를 하고 있는지 알지 못한다.

미팅을 마치고 나오면서 나도 저들처럼 되고 싶다는 생각이 들었다. 그때 이후 나는 많이 바뀌게 된 것 같다. 바뀌어야 한다고 생각하고 의식적으로 노력하게 되었던 것 같기도 하다.

요즘도 가끔 그때를 떠올린다. 24년이나 지나버린, 호랑이 담배 먹던 시절의 일처럼 느껴지기도 하지만 내 안에서는 생생하게 살아있는 추억 아닌 추억이기도 하다. 그때를 떠올리면 지금도 내가 혹시 나만의 우물에 갇힌 우물 안 개구리는 아닌지 겁이 날 때가 있다. 내가 경험한 폭, 내가 잘하는 것, 내가 만나온 사람들의 테두리 안에서 이것이 전부라고 자만하는 개구리 말이다.

흘러가 버린 물은 물레방아를 돌릴 수 없다고 하는데 사람도 자신이 이룬 것에 안주하기 시작하면 퇴보하게 되는 것 같다. 녹이 스는 것일 거다. 시시각각 변하는 외부 환경에 눈을 감고 과거의 성취에 집착하다가 흘러가 버린 물이 되지 않기 위해 오늘도 '1996년의 홍콩'을 기억한다. 화려한 홍콩의 야경과는 달리 어쩐지 초라하기만 하던 그때의 내 발걸음.

지금 당신이 혹시 화려한 스펙과도, 그 스펙을 넘어서는 탄탄한 실력과도 거리가 멀어서 자꾸만 작게 느껴진다면 누구나 한 번은 인생에서 홍콩의 밤을 경험한다는 사실을 기억하기 바란다. 그 초라하고 외로운 밤이 실은 당신을 성장시킬 첫 번째 충격이 될지 모른다는 사실도.

자기 자신을 지키고, 자기 자신을 챙기고, 자기 자신을 돌아보며 한 발 한 발 그저 나아가기 바란다. 그러다 보면 그 밤은 당신을 전혀 예상할 수도 없는 '황금시대'로 데려다줄지도 모른다.

처음은 처음처럼

일본의 젊은이들은 소위 대기업에 입사하면 회사에서 존댓말 교육을 다시 받는다고 한다. 대기업에 입사할 정도로 열심히 공부한 인재들에게 다시 모국어 교육을 시키는 이유는 무엇일까? 존경어, 겸양어 등으로 세심하게 구분되는 일본어 특유의 복잡한 특성 때문일까?

물론 일본어는 배우면 배울수록 어렵다는 속설도 있지만 일본어를 모어로 사용하는 사람들에게도 존댓

말을 경우에 맞게 제대로 사용하는 것은 쉽지 않은 일이라고 한다. 그렇다고 해도 신입사원들에게 이런 교육을 굳이 다시 시키는 이유는 무엇일까?

그것은 어쩌면 지금껏 조직 사회 밖에서 자유분방했던 젊은이들에게 서열과 위계가 있는 조직이라는, '전혀 새로운 사회'로 진입하게 하는 하나의 통과의례이기 때문인지도 모른다는 생각이 든다.

일본 신입사원의 예를 들기는 했지만, 어느 나라, 어느 문화건 사회인이 되면 새롭게 배우고 익혀야 하는 것들이 많아진다. 사실 나는 학교보다도 회사에서 배우는 것이 훨씬 많고, 배워야 하는 것도 많다고 생각하는 사람이다. 회사생활은 끊임없는 학습과 탈학습의 과정이고 이는 우리네 인생의 모습과도 많이 닮아 있다.

같은 조직 내에서도 부서를 옮기거나 새로운 프로젝트를 담당하게 되면 일본 신입사원과 비슷한 처지에 놓이게 된다. 지금까지 알고 있던 것, 당연하다고 여기며 별로 신경 쓰지 않았던 것들을 새로운 관점에서 재학습해야 하는 것이다. 회사에서 필요한 교육을 적시에 시켜주는 경우도 많지만 스스로, 알아서, 틈틈이 준비해야 하는 경우가 실은 더 많다.

이직을 하게 되면 그러한 정도는 더 심해진다. '왕년에 내가 어땠는데'와 같은 자기만족은 통하지 않는다. 기존의 지식이나 상식을 버리고 완전히 새롭게 다시 시작해야 하는 경우도 많이 생기는데, 과거의 성취나 영광에 취해 새로 옮긴 부서나 직장에서 고전하는 사람들이 의외로 많이 있다. 나이가 들수록 관성을 벗어나는 것이 쉬운 일이 아닌 듯하다. 인간적으로 안타까운 마음이 들지만 사실 1995년 멀티미디어 사업부에 합류했을 때 나의 모습도 이와 썩 다르지는 않았던 것 같다.

비트를 만들며 생활필수품에 관련된 팩토리 비즈니

스를 하다가 업의 성격이 완전히 다른 엔터테인먼트 비즈니스로 이행하고 나니 시쳇말로 '아는 게' 없었다. 또 모두가 처음이다 보니 배우고 물을 선배도 없었다. 그때의 막막함이란.

그때 나는 대리 말년 차에 가까웠다. 보통 회사에서 대리 정도 직급에 이르면 자기 분야의 업무를 알아갈 만한 때이고 비로소 혼자 설 수 있는 수준이 되었다고 인정받는 시기이기도 하다. 대리와 과장이 회사에서 실질적인 일을 제일 많이 한다고 하는 말도 있을 정도니까.

누가 억지로 떠민 것도 아니고 내가 하고 싶어서 자원한 멀티미디어 사업부였지만 그것과는 별개로 이제까지 익숙해진 토대와는 상관없이 새로 배우고, 새로 출발하는 것이 쉬운 일만은 아니었다. 늘 밤늦게까지 업무를 해도 시간이 모자랄 지경이었다. 그런 상황에서 매일 매일 A4로 열 장씩 할리우드 관련 기사를 번역하라는 숙제까지 떨어졌다.

드림웍스와의 사업적 인연으로 시작된 멀티미디어 사업이었지만 '한국에 새로운 극장을 도입한다', '영화 산업의 판을 바꾼다'라는 미션 수행은 오로지 우리들의 이상이자 포부였다. 하지만 실제로는 까막눈에 가까운 영알못(영화를 잘 알지 못하는 사람).

유명한 할리우드 감독의 이름 하나 제대로 모르는 우리들을 저대로 둬서는 안 되겠다고 생각한 최고 경영층이 내린 특명이었을 것이다. 영어 공부도 하고 영화 지식과 용어도 익히라는 의미였다고 생각한다.

그런데 솔직히 도저히 시간이 없었다. 자정이 되어서야 업무가 끝났고, 다음날 또 새벽같이 출근하는 나날의 연속이었기 때문이다. 시간도 나지 않았지만 그때 나의 영어 실력으로는 매일 열 장씩이나 과제물을 번역한다는 것은 역부족이기도 했다.(그때의 나와 지금의 나를 비교해 보면 어학 능력은 시간을 들여서 꾸준히 공부하고 계속 훈련을 하다 보면 자연스럽게 늘게 된다는 것을 증명할 수 있다. 정말이다.)

머리로는 숙제의 필요성을 충분히 알 것 같았지만 도저히 해낼 힘이 없었다. 그러자 반발심도 살짝 스쳤던 것 같다. 할 수도 안 할 수도 없으니 스트레스를 많이 받았다. 그러다 나는 편법을 동원했다. 나의 든든한 지원군, 아내에게 일임한 것이다. 이제 와서 고백하는 바이지만 도저히 직접 할 여력이 없었다. 이 지면을 빌어 아내에게는 다시 한번 감사를, 최고 경영층에는 뒤늦게나마 죄송하다는 말씀을 드린다.

새로운 분야로 진입하게 되면 조정 기간이 필요하다. 그전까지 이뤄 놓은 것이 있다면 그런 토대를 버리고 다시 경험하게 되는 '처음'은 더욱이나 만만하지도 녹녹하지도 않다. 다시 모르는 상태로 돌아가 묻고 배우고 새로 쌓아 올린다는 것은 말처럼 쉬운 일이 아닌 것이다. '내가 이런 것까지 해야 하나' 하는 마음이 들 수도 있다.

그런데 처음을 접하면서 초심을 잃으면 문제가 심

각해질 수 있다.

"처음에 제대로 해두면 두고두고 편하다"

처음을 처음으로 인식하는 마음이 필요하다. 그것은 다 아는 것을 다시 배우는 과정이 될 수도 있고, 도저히 하기 힘든 일을 누구의 도움이라도 받아서 해내야 하는 순간일 수도 있다.

조금 대담하고 뻔뻔하게 처음을 겪어내는 태도가 필요하다. 인생의 여러 고비에서 처음을 맞이하는 모든 이들에게 건투를 빈다.

3장

중국 이야기

베이징의 일요일들

2005년 5월 초.

베이징 공항에 처음 도착한 날이 생각난다. 중국어라고는 '니하오'만 할 줄 아는 상태에서 올림픽 이전의 베이징에 발을 내디딘 나의 첫 느낌은 '겁나고 막막하다'는 것이었다. 그도 그럴 것이 올림픽 이전과 이후의 베이징은 비교할 수 없을 만큼 완전히 다른 도시이기 때문이다.

지금 베이징은 세계적으로 유수한 글로벌 기업의

본사가 포진해 있는 최첨단의 도시이지만 2005년만 해도 단층 가옥 위주에다, 담장마다 가득 들어찬 커다란 붉은 글자들은 을씨년스러운 분위기를 자아내고 있었다.

한국의 5월과는 거리가 한참 먼 음산한 날씨에 곳곳에 출몰하는 공안의 모습은 중국을 처음 방문한 나의 마음을 얼어붙게 만들었다. 학교에서 반공교육을 받으며 성장한 나는 40대가 넘은 그때까지도 무의식 속에 레드 콤플렉스를 지니고 있었는지도 모르겠다.

하지만 처음 겁을 먹었던 것과는 달리 중국은 무서울 정도로 빠르게 성장하는 나라였고 베이징은 다채로운 결을 지닌 도시였다. 원나라 시대부터 800년 넘게 중국의 수도로 군림하고 있는 고도(古都)이자 올림픽을 앞두고 변신에 변신을 거듭하는 변혁과 발전의 상징이었다.

최초로 진출한 도시를 베이징으로 선택한 이유는

정치적인 네트워크가 필요하다는 전략적인 판단에서였다. 정치 행정의 중심 도시에 첫 극장을 오픈한다는 것이 당시에는 상식이기도 했다.

중국에서 외국계 기업이 비즈니스를 하기 위해서는 파트너가 있어야 한다. 그래서 우리도 극장 부지를 물색하면서 파트너를 선정하고 디벨로퍼(부동산 개발상)을 찾는 일을 동시에 진행해야만 했다.

그런데 현지 극장 사업자들의 방해 공작이 만만치 않았다. 네트워크를 찾아 베이징으로 갔지만 '꽌시(관계라는 뜻의 중국어)'[10]가 없는 우리로서는 경쟁사의 방해까지 겹치자 파트너를 만나는 일조차 어려워졌다.

간신히 만나더라도 국영기업 특유의 자존심과 위세

---

10 꽌시: 한국어로 번역하면 관계라고 할 수 있지만 훨씬 복잡하고 미묘한 개념이다. 중국에서 성과를 내려면 꽌시가 있어야 한다는 것은 우리에게도 잘 알려져 있다. 꽌시는 관계(关系), 즉 사람과 사람간의 관계로 만사를 풀어내는 것을 뜻한다. 제도, 규정, 절차보다 꽌시가 앞설 수 있다.

는 상상을 초월했다. 필요하면 아예 법도 만들 수 있는 우리인데 왜 너희가 필요하느냐, 얼마나 잘하는지 어디 한번 보자는 식이었다. 난감하지 않을 수 없었다. 하지만 진짜 문제는 이미 현지 업체들이 주요 입지에 포진하여 영화관을 성공적으로 운영하고 있다는 사실이었다.

2005년 당시, 중국은 영화 시장을 개방한 지 얼마 되지 않았지만 성장 속도가 생각보다 훨씬 빨랐다. 베이징의 주요 사이트는 워너브라더스와 제휴를 한 완다(Wanda)시네마를 비롯하여 싱메이, 허핑, CFG 등 현지 극장업자들이 전부 입점해 있었고 우리가 들어갈 틈은 보이지 않았다.

극장업은 상영업이지만 첫째도 입지, 둘째도 입지, 셋째도 입지. 곧 로케이션이 전부라고 할 수 있는 부동산업이기도 하다. 현재 전 세계 최대의 극장 사업자로 군림하고 있는 완다시네마의 저력도 바로 거기에서 나온다고 할 것이다.

완다시네마의 모기업은 부동산 기업인데 요즘 월드컵 등 세계적인 스포츠 이벤트가 있을 때마다 후원 기업으로 심심찮게 광고판에서 볼 수 있는 바로 그 완다그룹이다. 완다그룹은 중국 주요 대도시의 핵심 요지란 요지마다 쇼핑몰을 가지고 있는 대기업이다.

완다시네마는 모기업을 등에 업고 완다그룹이 소유한 쇼핑몰에 무혈입성할 수 있는 것이다. 이 밖에도 임대료 및 임대 조건 면에서도 완다시네마는 다른 기업들과는 비교 불가의 유리한 프리미엄을 갖고 있다 할 것이다. 다른 기업들과는 게임이 되지 않았고, 특히 외국계 기업인 CGV 입장에서는 '넘사벽'이라고 할 수 있었다.

물론 완다시네마의 강점이 거기에 있는 것만은 아니다. 엄청난 자본력을 지닌 데다 정부의 전폭적인 지원을 받는 완다시네마는 미국의 AMC를 비롯하여 전 세계 유수의 극장 체인을 인수하며 눈 깜박할 사이에 세계 극장업계 랭킹 1위로 올라섰다.

그런데 현지 업체들이 주요 입지를 선점한 상태라는 것은 우리로서는 깃발을 꽂을 땅이 없다는 얘기와 다름 없었다. 사고팔 땅이 없는 복덕방 아저씨의 신세가 된 것과 같다고나 할까? 그때 나의 모습이 꼭 그랬다.

베이징에 단신 부임하여 3개월이 지나자 향수병이 생기고 5개월이 지나자 일이 손에 잡히지 않았다. 일은 답보 상태지 본사는 사람 하나 파견한 것으로 해외사업이 자동으로 되는 양 무관심하지 … 중국은 광활한 대륙이지만 나는 거대한 섬에 혼자 갇힌 낙동강 오리알과 같은 느낌이 들었다. 현지 부동산 개발상들을 만나면 그들의 거대한 개발 계획 앞에 괜히 기가 죽었다. 안팎으로 나의 존재감은 거의 제로(Zero)라는 느낌이 들기도 했다. 삼중고의 나날이었다.

그래도 주말에는 베이징 중심가의 극장에 가곤 했

다. 중국 현지의 극장업을 경험한다는 나름의 취지가 있었고 나 자신과의 약속이기도 했다. 그런데 당시 중국의 모든 극장에서는 법적으로 외화를 중국어로 더빙해서 상영하게 되어 있었다.

포스터에서는 분명히 낯익은 할리우드 배우의 얼굴을 보았는데 막상 극장 안에 들어오면 그 배우는 유창한 중국어로 대사를 하고 있었다. 당연히 당시의 나에게는 하나도 알아들을 수 없는 외계어와 같았다.

좋은 영화는 외국어로 상영해도 절반 이상은 알아들어야 한다는 영화계의 속설도 있지만, 아무리 좋은 영화라도 언어의 장벽에 육체적 피로까지 겹치면 난공불락이 되는 모양이다. 나는 난해한 형이상학 강의를 수강하는 학생처럼 꾸벅꾸벅 졸기 일쑤였다.

누군가는 잠이라도 편하게 잘 것이지 웬 헛수고냐고 할지도 모르겠지만 나는 이것이 내 나름의 내적 인프라를 구축하는 과정이었다고 생각한다. 남들에게 말하면 꼰대의 무용담처럼 들릴 위험도 있지만 그 위험을 무릅쓰고 잠깐 이야기해 보자면, 때로는 이런 의미 없어 보이는 노력들이 쌓여야만 하는 순간이 있다.

이때 아무것도 하지 않은 것과는 비교할 수 없는 자기만의 인프라가 만들어진다고 나는 생각한다. 그것은 남들이 평가할 수 없는 오직 자기 내면의 문제이다. 자신에 대한 믿음이 쌓일 수도 있고 내공, 또는 내성이 생길 수도 있다. 버티고 견디는 힘 말이다. 또 무의미들이 쌓여 의미가 만들어지는 기적을 경험할 수도 있다.

나에게 베이징의 일요일들은 이런 기적의 시간이었던 것 같다. 그리고 이 과정을 통해 나는 조금씩 중국을 알아가고 베이징에 익숙해지고 있었다. 이국에서 버티는 힘도 길러가고 있었다.

매주 일요일마다 나는 어김없이 팝콘과 콜라를 사 들고 혼자 영화를 보러 갔다. 하루는 주말마다 혼자 오는 외국인이 신기했는지 극장의 중국인 매니저가

말을 걸어왔다. 다행히 그는 영어도 좀 가능해서 우리는 영어와 중국어를 섞어가며 이런저런 대화를 나눴다. 그때 이후 친해진 우리는 자주 얘기를 나눴고, 나는 그 매니저와의 대화를 통해 중국의 영화관 운영에 대한 정보도 얻을 수 있었다. 또 중국의 극장에 대해서도 익숙해지게 되었다. 그냥 버려지는 시간은 없는 것이다.

후일담을 소개하자면 그 매니저는 CGV가 베이징에 오픈한 후 점장으로 스카우트되어 인연을 이어가기도 했다.

그렇게 베이징에서 극장 사업을 위한 준비를 하며 동분서주, 좌충우돌하고 있던 즈음 나는 상하이에 신규 프로젝트가 있다는 정보를 얻게 되었다. 그때 문득 이런 생각이 들었다. 베이징에 1호점을 낸다는 계획은 어쩌면 지극히 한국적인 사고는 아닐까 하는 것 말이다.

'극장업은 서비스 비즈니스이자 플랫폼 비즈니스다! 정치적인 네트워크가 필요한 것이 아니다.'

불현듯 프로젝트가 있는 곳으로 가는 것이 맞다는 생각이 들었다. 상하이는 인더스트리얼한 도시일 뿐 아니라 주변에 항저우, 쑤저우, 난징 등 잠재력이 풍부한 위성도시까지 많이 있었다. 당시 중국 정부의 개발 계획에 비춰보더라도 상하이로 가는 것이 맞다는 생각이 들었다. 주변 도시까지 공략할 수 있어 일거양득인 것이다.

베이징에서 상하이까지는 1,400Km.

비행기로는 약 2시간 거리.

나는 확신을 가지고 상하이로 내려가기로 했다.

상하이로 가는 1,400Km

—

"못 하겠어요."

늘 씩씩하기만 하던 운전기사 K가 어깨를 들썩이며 울었다. 1,400Km를 달려 상하이로 내려온 지 3일째 베이징에서는 모르는 것도, 못 하는 일도 없던 현지인 직원 K가 내뱉은 말은 전혀 뜻밖이었다. 다 큰 사내놈이 뭘 우냐고 타박을 줄 수도 있었겠지만 나는 그의 심정을 백번 이해하고도 남을 것 같았다.

K는 베이징에서만 생활한 토박이였다. 그러니 도로

표지판부터 교통 체계까지, 모든 것이 베이징과는 완전히 다른 상하이에서 K 역시 국적만 같은 중국인일 뿐 이방인이 되어버린 기분에 당혹스러웠을 것이다.

같은 나라인데 어떻게 이렇게 다를 수 있을까… 마치 국경을 넘어 다른 나라로 와 있는 듯한 기분에 압도당하기는 나 역시 마찬가지였다. 중국은 하나의 나라였지만, 마치 여러 개의 다른 나라가 '중국'이라는 깃발 아래 그저 뭉뚱그려져 있는 연합체 같다는 느낌이 들었다. 진, 초, 연, 제, 한, 위, 조. 춘추전국시대의 경계가 아직도 살아있는 것만 같았다. 나는 그때 비로소 중국이라는 나라의 광활함을 체감했던 것 같기도 하다.

거기다 상하이는 지역색이 굉장히 강한 도시였다. 자기 지역에 대한 자부심도 높을 뿐만 아니라 말조차 베이징에서 사용하는 보통화와는 달랐다. 단순히 서울말, 부산 사투리 정도의 차이가 아니었다. 흔히 서울과 부산, 도쿄와 오사카, 그리고 호치민과 하노이 등 한 국가 내의 제 1도시와 제 2도시 간의 상이성에 대해 이야기하곤 하지만 이건 그런 것과는 차원이 다른 수준이었다.

베이징 토박이였던 K가 상하이에 적응하지 못하는 것은 어쩌면 당연한 일이었는지도 모른다. 결국 K는 내려온 지 3일 만에 베이징으로 돌아가기로 결정했다. 중국 진출 초기, 어려웠던 시절 나의 눈과 귀가 되어주고 모든 면에서 큰 힘이 되었던 운전기사 K와 이렇게 작별하려니 아쉽고 섭섭한 마음이 무척 컸지만 베이징에서 상하이로 베이스캠프를 옮기는 시기였기에 K의 선택을 무턱대고 말릴 수만도 없었다.

현지인 K에게 항공권을 끊어 주어 베이징으로 보내고 새로 시작한 상하이 생활은 베이징과 크게 다르지는 않았다. 아파트를 하나 빌려 직원들과 같이 생활했다. 하지만 이전 베이징에서와는 달리 두려움이나 외로움보다는 어쩐지 기분 좋은 예감이 들었다. '바로 여기다'라는 생각에 힘이 나기도 했고 드넓은 중국 대륙에서의 미래를 다시 꿈꾸기 시작했다.

그런데 이번에는 전혀 예상치 못한 문제가 발목을 잡았다. 바로 본사와의 소통 문제였다. 그 전까지 중국 사업의 최대 난관은 법적인 제한과 국영기업을 비롯한 중국 파트너들을 설득하는 일이었다. 1호점을 개설하기 위해 만난 중국 파트너들이 마치 서로 짜기라도 한 듯 한결같이 이렇게 허두를 뗄 때는 정말 난공불락의 철옹성 앞에 서 있는 느낌마저 들었을 정도였다.

"CGV가 한국에서 사업을 잘하고 있는 것은 알고 있습니다. 좋습니다, 좋은데 … 중국에서는 어디에서 몇 개나 운영하고 있죠?"

1호점 개설을 위해 만난 파트너마다 이렇게 되물어 오니 당황스럽지 않을 수 없었다. 거절을 전제하고 돌려 묻는 것인지 분간조차 되지 않았다. 말문이 막힌다

기보다는 어떻게 말의 물꼬를 터야 할지 난감한 순간이었다.

90년대 탁구나 농구 같이 중국 절대 우위의 스포츠 경기에서 아쉬운 패배를 당하고 나면 '만리장성의 벽을 넘지 못했다'는 표현을 쓰곤 했는데 바로 내 앞에 그 넘을 수 없는 만리장성이 놓인 기분이었다.

아니, 한국의 본사를 설득시키는 일은 만리장성을 넘는 것이 아니라 맨몸으로 황해 바다를 건너는 것과 같은 일이었다. 눈에서 멀어지면 마음에서도 멀어진다고 하던가? 나는 이것이 연인이나 친구들 사이에 서로의 거리를 두고 하는 말이라고 생각했는데 해외에 나간 주재원에게 가장 잘 들어맞는 말이었다.

당시 나는 상하이 갑북구에 프로젝트가 있다는 소식을 듣고 내려온 상태였다. 상하이 갑북구는 서울로 치면 강북의 미아리 정도 되는 입지였다. 상하이 신천

지라는 쇼핑몰의 설계자가 있는데 그 부인이 신좡에 쇼핑몰을 한다고 해서 일단 기본 실력은 있겠다는 판단을 하고 내려온 것이었다.

비로소 돌파구를 찾은 기분으로 상하이로 가야 한다고 주장했지만, 본사에서는 도대체 왜 그래야 하는지 이해를 하지 못하겠다는 회신을 보내왔다. 더더욱 그룹에서는 중국의 수도 베이징에서 엔터테인먼트 사업을 같이하는 것으로 처음부터 전략과 방향을 잡고 시작한 터라 CGV만 상해로 가서 본사를 두고 사업을 하겠다는 것에 대해 부정적인 기류가 만만치 않았다.

첫 부지로 보고를 올린 프로젝트에 대해 입지가 맞느냐, 파트너가 맞느냐, 사업이 될 거냐, 수익성이 있느냐, 상하이의 그 지역을 서울로 보면 어디쯤이냐… 의문을 품고 하나하나 체크한 것도 따지고 보면 이상한 일은 아니었다. 이것은 앞으로 내가 풀어야 할 숙제가 간단치 않음을 암시하고 있었다.

하지만 네트워크가 있는 곳보다 도시화가 잘되어 사업적 기회가 많은 곳, 또 프로젝트가 있는 곳으로 가는 것이 맞다는 생각에는 흔들림이 없었다.

그때 중국 정부는 전국을 6대 권역으로 나누어 점에서 선으로, 선에서 면으로 넓혀간다는 전략을 구사하고 있었다. 상하이는 항저우, 쑤저우, 난징 등 위성 도시가 발달되어 있었다. 반면에 베이징의 주변에는 그런 도시들이 많지 않았다. 중국 정부의 개발 계획에 비춰보더라도 베이징보다는 상하이로 가는 것이 틀리지 않다는 생각이 들었다. 앞으로의 발전 가능성 면에서 보면 더욱 그랬다.

내가 확신이 있는 만큼 나의 확신을 공유하고 설득하는 것도 나의 책무라는 생각이 들었다. 고민에 고민을 거듭한 끝에 보고서를 쓰게 되었다. 정말이지 배수의 진을 치고 쓴 보고서였다. 절박하고 간절한 마음이었다. 첫 사업에서 신뢰나 가능성을 보여주지 못하면

두 번째 사업은 아예 기회가 없을 수도 있다는 사실을 잘 알고 있었기 때문이다.

이 간절한 마음은 갑북구 프로젝트를 하는 홍콩 파트너와 함께 홍콩-한국-일본-홍콩을 오가는 일정을 하루에 소화하는 강행군으로 이어지기도 했다. 그때는 그럼에도 불구하고 피곤한 줄도 몰랐던 것 같다.

2006년 10월. 그런 노력들 끝에 상하이 1호점이자 중국 1호점, 아니 CGV의 해외 1호점을 개관하게 되었다. 중국에 진출하고 약 1년 6개월의 시간이 흐른 후였다. 상하이로 가는 1,400Km는 생각보다 길고도 먼 여정이었던 셈이다.

하지만 이것은 지속 성장할 수 있는 사업적 인프라를 탄탄하게 구축하는 길이었고 전략적 방향과 시선을 돌리는 계기였다. 또한 학습 비용이기도 했다. 흔히 학습 비용을 코스트로 치부하고, 인프라에 대한 투자는 평가절하되는 경우가 많다. 당연하다. 회사는 학교가 아니고 사회인은 성과를 내는 사람이지 배우는 사람이 아니기 때문이다.

하지만 이 기간을 무턱대고 줄인다고 해서 무조건 좋기만 한 것일까? 공사 기간을 단축하는 것보다 안전한 건물을 짓는 것이 더 중요하듯 사업적 인프라를 만드는 기간과 비용에 대한 전사적인 소통과 합의가 꼭 필요하다고 생각한다.

해외 진출을 할 때는 사전에 철저한 준비가 필요하다. 진출국에 대한 사전 공부도 많이 필요하고, 현지인의 눈으로 사고할 수 있는 힘도 길러야 한다. 하지만 현실적으로는 법인이든 개인 사업자든 이런 충분한 학습 기간을 갖지 못하는 경우가 훨씬 더 많은 것이 사실이다. 거칠게 말하면 맨땅에 헤딩하듯 일단 나가서 부딪히고 깨지며 배워야 하는 것이다.

그런데 이렇게 해서라도 성공을 한다면 다행한 일

이지만 많은 시간과 비용을 낭비한 채 사업을 철수하는 사례도 비일비재하다. 충분한 준비를 하고 진출할 수 있다면 베스트겠지만 그것이 안 된다면 부딪히고 깨지는 과정에서라도 그 모든 경험을 기록하고 체계화시켜야만 한다. 그래서 언제든 누구든 그것을 보고 배울 수 있도록 기록으로 남겨야 한다.

그렇지 않으면 언제까지고 같은 실수를 반복할 수밖에 없게 된다. 그 결과 현지의 경험을 회사의 핵심 역량으로 내재화시키지도 못하고 오히려 회사의 경쟁력을 저하시키는 요인이 되고 마는 것이다.

상하이로 가는 험난한 길 위에 서 있는 모든 이에게 이 말을 꼭 하고 싶다. 비용을 치를 땐 꼭 그것을 경험으로 내재화하고 기록으로 체계화하라는 것 말이다.

이제 CGV는 중국 내에서 120개 이상의 극장을 오픈하고 3위의 극장 사업자가 되었다. 상하이로 가는 여정은 녹록하지 않았지만 그 과정을 잘 견디고 소화했기에 오늘의 성과가 있다고 생각한다.

중국의 3대 화로, 충칭 이야기

중국 서부의 특별도시 충칭에 처음 도착했을 때가 생각난다. '쿵쾅'거리는 굴착기 소리. 시야를 가리는 흙먼지가 안개처럼 가득한 하늘. 여기저기 벙커처럼 파헤쳐진 거리. 마치 도시 전체가 하나의 거대한 공사장 같은 모습이었다.

때마침 계절도 여름. 충칭은 우한, 난징과 함께 중국의 3대 화로라는 명성을 나에게 과시라도 하듯 엄청난 습도와 열기 속에서 찜통처럼 푹푹 찌고 있었다.

1940년 8월, 우리나라 임시정부의 요인들도 충칭으로 근거지를 옮겨 독립운동을 이어갔다고 한다. 임정의 요원들을 처음 맞이한 것도 이런 날씨였을까? 날씨는 사람을 평등하게 만든다고 하는데 목숨을 걸고 독립운동을 하던 조상들이 겪었을 여러 고초가 시공을 초월해 즉각적으로 와 닿아 숙연해지는 순간이기도 했다.

당시 나는 러시아와 국경을 마주한 중국의 북쪽 땅끝, 따칭부터 남방의 마카오까지 사이트 개발을 위해 동분서주하고 있었다. 7년 동안 중국에 주재하는 동안 내가 다녔던 도시를 헤아려보니 무려 123개가 넘었다. 베이징이나 상하이, 그리고 광저우 같은 도시는 문턱이 닳도록 방문하기도 했다. 덕분에 나는 중국의 발전상을 현장에서 실시간으로 목격할 수 있는 행운을 누리기도 했다. 이때를 떠올리면 마치 내가 이타카를 향해 가는 오디세우스 같다는 감상어린 기분이 스치기도 한다. 사이트 개발을 위한 비즈니스 트립이었지만 중국 대륙에서 나는 노상 위의 오디세우스처럼 늘 길 위에 있었던 셈이다.

2008년 당시는 상하이에서 2호점까지 오픈하는 데 성공한 즈음이었다. 하지만 대도시의 주요 사이트는 이미 현지 업체들이 점령한 상황, 중국 비즈니스를 이어가기 위해서는 새로운 돌파구와 해결책이 필요했다.

중국은 우리나라와는 달리 도시를 1선 도시, 2선 도시, 3선 도시, 4선 도시 등으로 나눈다. 굳이 비교하자면 특별시, 광역시, 시, 군 정도의 구분쯤 될 것 같다. 경제 규모, 소득 수준, 도시화율 등에 따라 도시의 등급을 매기는데 1선에 드는 도시들로는 우리에게도 잘 알려진 베이징, 상하이, 항저우, 그리고 최근 IT의 중심지로 급부상하고 있는 선전 등이 있다.

그에 비해 2, 3선 도시들은 아직은 문화적으로 다소 소외지역이라고 할 수 있었다. 우리에게는 승부를 노려볼 수 있을 만한 틈새시장이었다.

처음 충칭으로 가겠다고 했을 때만 해도 거기 가봐야 뭐가 되겠냐는 의구심 어린 시선도 있었다. 하지만 나는 이번에도 어떤 확신이 있었다. 2선 도시를 노린 전략은 성공적이었다. CGV만의 특화된 서비스와 인테리어도 드디어 저력을 발휘하기 시작했다. 사실 처음에는 중국 관객들의 특성을 이해하지 못하고 우리가 가진 강점, 즉 서비스와 인테리어로 얼마든지 승부할 수 있다고 생각했었는데 그것은 큰 오산이었다.

중국 관객들은 돈을 주고 볼 영화와 그렇지 않은 영화를 나눌 만큼 스크린의 크기를 중시한다. 그런 사실을 모르고 대형관 도입에 늦었던 우리는 홍역을 치를 수밖에 없었다. 하지만 대형 스크린 위에 CGV만의 서비스와 인테리어를 도입하자 반응은 폭발적이었고 승부도 겨룰 수 있을 정도가 되었다.

그렇게 충칭 사이트, 우한 사이트를 늘려가기 시작했다. 또 전국 단위의 부동산 개발상을 모색하기 시작했다. 브랜드력을 높이는 것이 중요했기 때문이다. 이것은 중요한 지점인데, 한꺼번에 오픈하는 방식은 그만큼 브랜드를 인식시키는 데 유리하기 때문이다.

CGV는 중국에서의 이런 성공 경험을 살려 베트남에서도 일괄적인 브랜드 전환을 단행했다. 성공 경험이 쌓이면 그 경험을 활용하여 시행착오를 줄이고 더 많은 성공을 쌓을 수 있다는 것을 보여주는 단적인 예이다.

스타벅스도 이와같이 한다. 전 세계의 수많은 매장의 서비스, 마케팅, 운영과 관련한 수 많은 성공사례 및 우수사례를 육성하여 전파교육을 시키고 프로세스화 하는 것이다. 이것이 스타벅스가 최고의 브랜드로 자리매김한 힘이기도 하다.

사이트를 늘려가고 브랜드력을 높이며 성장을 가속

화하고 있었지만 중국 비즈니스는 또 하나의 문제에 봉착해 있었다. 중국에서 외국인 투자자는 법적으로 각 도시별로 영화관을 오픈할 때 별도의 법인을 설립해야 하는 제한이 있었다. 따라서 성(省)별, 도시별로 다른 파트너를 두고 사업을 해야 하는 경우가 비일비재했다.

이것은 달리 말하면 훈수 두는 시어머니, 시누이가 성별, 도시별로 있다는 뜻이기도 했다. 갈치조림을 하나 하는데도 시어머니와 며느리 사이에 이견이 있을 수 있다. 무를 위에 얹느냐, 아래에 까느냐 하는 문제로 말이다. 그러니 말도, 문화도, 이해관계도 다른 중국 파트너들과는 얼마나 많은 의견 차이가 있었을까?

중국의 각기 다른 파트너들이 극장 운영에 대해 하나하나 개입하려 하니 한국 본사나 그룹의 입장에서는 간섭으로밖에 느껴지지 않았을 것이다. 의사 결정 속도가 자꾸 느려지고 시급하게 대응해야 할 이슈를 두고도 제때 결정을 내리기 어렵게 되는 문제들이 생겨났다.

또 파트너별, 도시별로 법인을 따로따로 설립해야 하다 보니 사실상 실제 비즈니스보다 법인 관리에 돈이 더 많이 들었다. 비효율을 넘어 거의 사업이 불가능한 구조였다. 오죽했으면 '법인 관리 하다가 돈 다 쓸 지경'이라는 말이 나올 정도였을까?

버는 것보다 새는 돈이 더 많은 구조가 고착화되어 가고 있다는 사실은 위기감을 불러일으키기에 충분했다. 그러면 사업을 확대하고 지속해야 할 의미가 없는 것이다. 돌파구가 필요했다. 그러나 뾰족한 해결책이 보이지 않았다. 외국계 기업의 한계라고밖에 할 수 없었다.

그러다 상하이에 프로젝트가 있다는 소식을 듣게 되었을 때처럼, 중국 정부가 홍콩과 마카오의 기업을 자국 기업으로 인정하고 있다는 사실을 알게 되었다. 홍콩 기업이나 마카오 기업을 인수하여 세파(CEPA)를 확보하면 중국 전체를 하나의 법인으로 관리할 수 있는 것이다.

CEPA를 확보하기 위해 홍콩을 끝에서 끝까지 쌍끌이식으로 다 뒤졌다. 우여곡절 끝에 적합한 목적물을 찾았고 이를 통해 CEPA를 확보했을 때의 그 기쁨은 뭐라 표현할 수 없을 정도였다.

사업이든 인생이든 도저히 출구가 보이지 않는 때가 있다. 엉킨 실타래를 손에 쥐고 있는 듯한 느낌, 포기하고 싶고 내팽개치고 싶은 순간도 온다. 하지만 내팽개치지 않고 해결 방안을 찾기 위해 지혜를 모으면 생각지도 않은 곳에서 솔루션을 찾을 수도 있다.

끊임없이 두드려라. 그러면 열린다.

이것은 인생에서도 사업에서도 굉장히 중요한 교훈이자 나의 철학이기도 하다.

4장

마음과 이유

LA에도 한국 영화관이 있다

—

영화관의 고향은 프랑스다.

1895년 뤼미에르 형제가 파리의 그랑 카페에서 사람들에게 돈을 받고 〈라 시오타 역으로 들어오는 기차〉를 보여준 것이 그 시초라고 한다. 스크린에 도착하는 기차를 본 '최초의 관객'들이 비명을 지르며 몸을 숨겼다는 일화는 유명하다.

1898년 세워진 현존하는 가장 오래된 '고몽' 영화사도 프랑스 기업이고, 최초의 영화 거대 기업 '파테'의

국적 역시 프랑스이다. 1936년 시작된 시네마테크 운동을 비롯하여 프랑스는 오늘날 영화의 발전에 질과 양, 모든 면에서 다양하게 기여했다고 하겠다.

그렇다면 멀티플렉스의 탄생지는 어디일까?

이번에도 프랑스일까?

아니다. 멀티플렉스의 고향은 자본주의와 문화산업의 종주국인 미국이다.

멀티플렉스 탄생의 비화를 들여다보면 그 지극히 자본주의적이고도 효율 중심적인 발상에 미국이 기원이라는 데 고개가 끄덕여진다.

미국 캔자스시티에서 단관 극장을 운영하던 스탠리 더우드라는 극장주가 있었다. 그는 한정된 공간에 스크린을 하나 더 설치하고 같은 인원으로 운영하면 더 많은 돈을 벌 수 있지 않을까라는 생각을 했고 그것을 그대로 실천에 옮긴 것이 오늘날 멀티플렉스의 시초

인 것이다. 때는 1963년. 멀티플렉스의 역사는 생각보다 그리 길지 않은 셈이다.[11]

그러니 1998년에 멀티플렉스를 오픈한 CGV가 2010년 본고장인 미국에 사이트를 오픈하겠다고 했을 때 많은 사람들이 고개를 갸우뚱한 것은 어쩌면 당연한 일인지도 모르겠다. 그때까지만 해도 세계 1, 2위 멀티플렉스 사업자를 비롯하여 상위권 업체 대부분이 모두 미국 업체였고 CGV는 후발주자라고 할 수 있었기 때문이다. 번데기 앞에서 주름 잡는 격이라고 해도 달리 할 말이 없을 때였다.

또 극장업이라는 것 자체가 미국에서도 이미 블루오션이라고 할 수 없는 상황이었다. 현재는 중국 완다 시네마에 인수된 AMC를 비롯하여, 유나이티드 아티스트 시어터, 제네럴 시네마 시어터 등 미국의 유수한 극장 체인이 이미 2000년대에 파산 구제 신청을 한 상태였기 때문이다.

---

11 〈멀티플렉스 레볼루션(조성진)〉

이렇게 레드오션인 미국 시장에 CGV가 진출한 이유는 무엇일까? 이 질문을 바꿔보면 이유는 생각보다 단순해질 수도 있다. 왜 미국에, 그것도 영화의 본고장인 LA에 한국 영화관이 필요했을까?

여기서 잠깐 이야기를 우회해 보자. 여러분은 한 번쯤 아트하우스에 방문한 적이 있을 것이다. 2004년 CGV에서 만든 독립영화 상영관인 아트하우스는 우리나라에서는 〈그을린 사랑〉 등 예술 영화를 상영하고 수많은 인디 영화를 개봉하면서 다양성 영화 발전을 위해 노력하고 있다.

이 아트하우스가 베트남, 인도네시아 등에서는 그 나라의 영화를 상영하는 플랫폼의 역할을 한다. 인도네시아에서는 인도네시아 영화를, 베트남에서는 베트남 영화를 상영하는 것이다. 이를 통해 CGV는 진출국의 영화 생태계를 건전하게 육성하고 발전시키는 데 기여하고 있다.

그럼 미국에 한국 영화관이 필요한 이유도 쉽게 유추해볼 수 있지 않을까?

먼저 LA라는 지역의 지리적 위치에 주목해보자. 캘리포니아에 있는 LA는 우리나라 교민이 무려 100만 명 이상 살고 있는 곳이다. 그뿐만 아니라 히스패닉계를 비롯하여 다양한 인종의 사람이 살고 있는 인종의 용광로이다. 또 할리우드의 수많은 제작사와 영화 관련 종사자들이 활동하고 있는 곳이기도 하다. 이런 곳에 한국 극장이 들어서 한국 영화를 한 편이라도 더 상영할 수 있는 플랫폼이 확보되면 한국 교민들뿐만 아니라 다양한 인종의 사람들, 그리고 영화 종사자들에게 한국 영화를 소개할 수 있는 기회를 만들 수 있는 셈이다.

이렇게 탄생한 것이 바로 미국 LA 사이트이다. 처음 LA 사이트는 3개 스크린, 약 600석 규모로 조성되었다. 극장 오픈 후 여기서 수많은 한국 영화들이 상영되었다. 〈살인의 추억〉이 재개봉 하기도 했고 최근에는 세계적으로 유명한 〈기생충〉도 상영되었다. 지금은 한국에서 제작 배급되는 좋은 영화들을 한국과 동시에 배급, 상영하기도 한다. 한국문화를 알릴 수 있는 하나의 안테나 샵이 멀티플렉스의 종주국에 만들어진 것이다.

나는 이것이 극장 사업자가 할 수 있는 가장 적극적이고 멋진 사업보국의 일환이라고 생각한다. 사업보국은 사업을 통해 국가에 보은하고, 사업을 통해 사회에 공헌하고 나라를 이롭게 한다는 뜻이다.

철학이 없는 사업은 뿌리가 없는 나무와 같다는 말이 있다. 사업보국은 사업의 뿌리인 셈이다. 물론 먹고 살기 위해 사업을 하고 회사를 다니지만, 뿌리 없이 떠다니는 부평초보다는 단단히 토양에 뿌리를 박고 모두가 함께 나눌 수 있는 유실수가 되는 것이 더 아름다운 일이 아닐까?

LA의 한국 영화관은 함께 나눌 수 있는 열매를 맺기 위한 첫 단추의 역할을 하고 있는 셈이다. 지금 미국은 LA에 2곳을 추가하여 총 3곳의 멀티플렉스를 운영 중이다. 한국 영화를 알릴 수 있는 플랫폼으로 훌륭하게 자리매김한 상태이다.

사족: CGV가 미국 본고장에 진출한 또 하나의 이유는 아마도 자신감이라고 할 수 있을 것이다. 미국보다 훨씬 늦게 시작한 멀티플렉스 사업이지만, 본고장에서는 하지 않았던 차별화된 인테리어디자인, 마케팅, 서비스, 그리고 운영 전략을 바탕으로 종주국에서도 대등하게 경쟁할 수 있다는 자신감이 있었던 것이다.

CGV는 설립 당시 호주의 빌리지로드쇼로부터 극장 부지 선정부터 인테리어디자인, 운영, 마케팅, 서비스 등 모든 것을 하나하나 배우고 도입했다. 그런데 CGV 오픈 후 1년도 채 되지 않아 빌리지로드쇼가 오히려 CGV의 마케팅과 서비스를 성공 사례로 벤치마킹해

가게 되었다. 그때 빌리지로드쇼의 관계자는 무척 놀라워하며 찬사를 아끼지 않았었다. 이런 자신감과 자긍심을 바탕으로 '한국에서만 잘한다고 1등이 아니다'는 공감대를 형성하게 되었다.

본고장에서 경쟁하고 승부를 할 수 있어야만 브랜드력을 제대로 평가받을 수 있다는 진취적인 도전 의식과 승부 의식 또한 미국 진출의 요인이었다고 나는 생각한다.

소년의 마음

—

먹고 살기 위해 야구를 하지만 골목에서
캐치볼을 하던 소년의 마음을 잊어서는 안 된다.

1. 야구선수 로이 캄파넬라가 한 말이라고 한다. 이 글을 시작하기 전에 우선 이 말을 기억해 두자.

2. 아카데미 시상식이 시작된 것은 1929년이라고 한다. 시드니 포이티어가 흑인 배우 최초로 남우주연상을 탄 것은 1964년이다. 〈들판의 백합〉이라는 영화에

서였다. 무려 35년의 세월이 걸렸다. 이후 2002년 덴젤 워싱턴이 〈트레이닝 데이〉로 2번째 남우주연상을 수상하기까지 다시 40년 가까운 세월이 걸렸다. 흑인 배우들은 그들의 능력이나 기여와는 상관없이 너무나 오랫동안 아카데미에서 주변인으로 소외당해 왔던 셈이다. 오스카는 오랫동안 백인들의 전유물이었다.

그래서는 아니지만, 흑인 배우들이 상을 받으면 어쩐지 내 일처럼 기뻐하며 수상 소감에 귀를 기울이게 되는 것 같다. 진정성이 묻어있는 수상 소감에 뭉클한 감동을 느낀 적이 한두 번이 아니었다. 특히 2007년 〈라스트 킹〉에서 우간다의 독재자 이디 아민을 연기해 역대 네 번째 흑인 남우주연상 수상자가 된 포레스트 휘태커의 수상 소감은 오랫동안 진한 여운을 남겼다.

포레스트 휘태커는 어린 시절 자신이 영화를 볼 수 있었던 곳은 아버지의 자동차 뒷좌석(자동차 영화 극장)뿐이었다며 그런 자신이 영화배우가 된다는 것은 꿈도 꿀 수 없는 일이었지만, 오늘 밤 이 영광스러운 상을 받은 것은 모든 것이 가능하다는 사실을 보여주는 일이라고 했다.

텍사스 동부에서 태어나 LA남부에서 자랐지만 꿈을 가지고, 의지를 가지고 노력한다면 정말로 그 꿈을 이룰 수 있다고[12] 한 포레스트 휘태커의 수상소감은 그 자체로 희망과 승리의 노래이자 한 편의 시였다고 생각한다.

3. 멕시코 이민자였던 또 다른 소년이 아카데미 작품상과 감독상을 거머쥔 후 전한 수상 소감에도 이러한 희망은 묻어 있었다. 2018년 〈세이프 오브 워터〉로 수상의 영예를 안은 기예르모 델 토로 감독 얘기다. 그의 수상소감도 잠깐 듣고 가자.

---

12 박호연 블로그 '끝없는 추구', 포레스트 휘테커 07년 아카데미 남우주연상 수상소감

"나는 이민자입니다.
영화를 사랑하면서 자란 멕시코 아이가
이처럼 영광스러운 자리에 섰다는 것이 꿈만 같습니다.
젊은 영화학도들에게 이 상을 헌정합니다.
젊은 세대는 세상이 어떻게 돌아가야 하는지
우리(기성세대)에게 보여주는 사람들입니다.
이런 꿈을 꾸는 젊은 영화제작자들에게
이런 말을 들려드리고 싶습니다.
이것이 문입니다.
그러니까 두드리고 들어오십시오."[13]

4. 이것은 문이다.
열고 들어오라.
정말 황홀하고 멋진 말이다.

나는 기업의 CSR활동은 바로 이런 문을 만드는 작업이라고 생각한다. CGV에서 진행했던 토토의 작업

---

13 중앙일보. (2018.3.6). '셰이프 오브 워터' 4관왕 … 감독상 멕시코 출신 델 토로 "나는 이민자"

실, 장애인 영사 기사 고용, 실버세대 채용 등이 모두 문을 만드는 작업의 일환이었다고 생각한다.

토토의 작업실 이야기를 좀 해보겠다. 토토? 어디선가 많이 들어 본 이름 같지 않은가? 바로 쥬세페 토르나토레 감독의 영화 〈시네마 천국〉의 그 소년. 시골 영화관에서 영사 기사인 알프레도 할아버지와 추억을 쌓으며 유년기를 보내다가 나중에 유명한 영화 제작자로 성공한 바로 그 소년의 이름이다.

토토의 작업실은 2008년부터 CGV에서 운영 중인 무료 영화 교육 프로그램이다. 한국뿐 아니라 CGV가 진출한 중국, 베트남, 미얀마, 인도네시아에서도 개최된다.

토토의 작업실에 참가한 청소년들은 멘토와 함께 스토리보드를 구성하고 시나리오 작성, 촬영 및 편집, 마케팅 등 영화 제작의 전 과정을 8일간 직접 체험해 볼 기회를 가진다. 이렇게 만들어진 10분 내외의 단편영화들은 마지막 날 한국의 주요 아티스트와 함께 CGV의 대형 스크린에서 상영된다.

2018년 중국 우한에서 열린 토토의 작업실에 홍보대사로 참여했던 배우 진구는 '꿈을 이루기까지 어렵고 힘든 순간도 있겠지만 끝까지 꿈을 향해 나아가 훌륭한 영화감독, 배우로 다시 만나길 바란다'는 말을 남기기도 했다고 한다.[14]

1980년대 후반에서 2000년대까지 칸, 베니스 등 주요 국제영화제에서 이란 영화가 두각을 나타냈던 시기가 있었다. 〈체리 향기〉로 유명한 압바스 키아로스타미, 〈하얀 풍선〉의 자파르 파나히, 〈천국의 아이들〉의 마지드 마지디. 이들은 최고 영예인 황금종려상을 비롯해, 황금카메라상 등 주요 부문에서 쾌거를 거두

---

14 뉴스핌. (2018. 8.20). CJ CGV, '2018 중국 토토의 작업실' 개최…진구 홍보대사로 재능 기부.

었다.

이들 이란 감독들에게 한 가지 공통점이 있는데 바로 '커눈' 출신이라는 점이다. 커눈은 이란에서 어린이 지능 개발을 연구하는 기관으로 다양한 프로그램을 운영하며 한편으로는 영화제작까지 하는 곳이다.

나는 CGV가 운영하는 '토토의 작업실'이 인도네시아, 중국, 베트남, 미얀마의 커눈이 되는 날을 가끔 상상하곤 한다. 중국 농민공의 자녀들, 베트남 산간의 소년, 인도네시아 작은 섬의 소녀들이 토토의 작업실을 통해 영화감독의 꿈을 지피고 그 꿈을 향해 나아갈 수 있다면 얼마나 멋진 일일까?

5. 다시 소년의 마음으로 돌아가 보자.

꿈을 가진 소년, 소녀들이 문을 두드릴 수 있는 토대를 만들어내는 것, 나는 그것이 기업의 사회적인 책임 중 하나라고 생각한다. 토토의 작업실을 통해 배출된 미래의 포레스트 휘태커, 미래의 기예르모 델 토로의 수상 소감을 듣는 날을 기대한다.

6. 소년과 소년의 마음이 만나게 하자.
소년의 마음을 지닌 기업가 정신이
모든 소년의 꿈을 이루게 해주는
그런 새로운 시대를 꿈꿔본다.

7. 2020년, 92년 동안이나 닫혀있던 아카데미의 좁디좁은 문을 한국 영화 〈기생충〉이 마침내 열어젖혔다. 비영어권 영화로는 최초로 작품상을 수상한 것이다. 어린 시절 '주말의 영화'와 AFKN을 광적으로 챙겨보던 소년, 12살 때 영화감독이 되겠다는 꿈을 품은 봉준호 감독이 열어젖힌 문이다. 꿈을 가진 소년과 소녀들이 더 많은 닫힌 문들을 열 수 있기를 바란다.

5장

인도네시아 이야기

보이지 않는 인도네시아

—

TICKET

인도네시아를 한마디로 정의하기란 쉽지 않다. '지구상의 가장 커다랗고 보이지 않는 존재'(Biggest invisible thing on the Earth). 영국의 한 유명 일간지에서는 인도네시아를 일컬어 이렇게 표현했는데 참으로 절묘한 표현이라고 생각한다.

그런데 앞서 언급한 것처럼 우리나라 사람들의 눈에 인도네시아는 아직도 보이지 않는 존재로만 남아 있는 것 같아 안타깝다. 잘 알려지지 않은 인도네시아에 대한 사실 중에는 호기심을 자극하는 흥미로운 것들이 많이 있는데 말이다.

우선 인도네시아는 세계에서 무슬림이 가장 많은 나라이다. 얼핏 생각하기엔 사우디아라비아나 이란 같은 중동 국가들이 이 타이틀을 가지고 있을 법도 한데 세계 4위의 인구 대국이란 위상에 걸맞게 가장 많은 이슬람 신자들이 인도네시아에 살고 있다.

세계 최대의 불교사원이 있는 곳도 인도가 아닌 인도네시아이다. 바로 보로부두르 사원. 세계 7대 불가사의의 하나로 불리는 보로부두르 사원은 캄보디아의 앙코르 와트보다도 오랜 역사를 자랑한다.

프랑스 요리나 이탈리아 요리를 제치고 인도네시아 요리가 세계에서 제일 맛있는 요리 1, 2위로 뽑힌 적도 있다. 우리나라 사람들도 좋아하는 나시고랭이 2위, 른당이 1위였다. 인도네시아는 18,000개가 넘는 섬에 삼백여 종족이 살고 있다고 한다. 그들이 가진 5,300가지 이상의 다양한 조리법이 인도네시아만의 독특하고 강렬한 풍미를 탄생시킨 비밀이라고 추측해 본다.

중국에서는 술을 마셔야만 비즈니스가 된다는 속설이 있다. 50도 이상의 백주를 와인글라스로 두 잔, 세 잔씩 마시다 보면 어떤 날은 술잔을 손에 들고 잠이 들어 있는 나를 발견하는 경우도 종종 있을 정도였다. 하지만 인도네시아에서는 술을 마시지 않고도 비즈니스가 가능하고, 주스 한잔을 두고도 사람들과 흐뭇하게 어울려 몇 시간이고 즐겁게 놀 수 있었다. 인도네시아는 여러모로 알면 알수록 신기한 나라, 까면 깔수록 새로운 매력을 지닌 양파 같은 나라이다.

역사적으로 보자면 인도네시아는 우리나라와 닮은 지점도 많이 있다. 인도네시아 역시 식민 통치의 아픔을 겪었고, 독립 후에는 오랜 기간 군부 독재를 경험했었다. 최근에 알게 된 한 가지 주목할 만한 사실은 대부분의 이슬람 국가들이 사회주의 체제인 것에 비해 인도네시아는 유일하게 민주주의의 꽃을 피운 나라라는 것이다. 경제성장과 민주화를 동시에 이룬 유일한 아시아 국가라는 우리나라와 일정 부분 겹치는 지점이라고 말한다면 너무 큰 비약일까?

인도네시아에는 우리나라의 노무현 대통령에 비견되는 인물도 있다. '인도네시아의 노무현'이라고 불리는 조코 위도도(조코위) 대통령이 바로 그 사람이다. 조코위 대통령은 수도 천도를 공약으로 내걸고 대통령에 당선되어 최근에는 재선에 성공하기도 했으며, 2019년 부산에서 열린 아세안 정상회담에 참석해서는 우리나라에 대한 각별한 애정을 표시하기도 했다.

조코위 대통령이 자카르타 주지사로 재임하던 시절, 그의 고향 수카르타에 초대를 받아 간 적이 있다. 2013년 여름이었다. 나를 포함해 삼성, SK, 한국의 유명한 은행 등에서 한 명씩 초대를 받았고 인도네시아의 대표적인 한상인 코린도 그룹도 함께 갔다.

우리는 자카르타에서 1시간가량 비행기를 타고 수카르타라는 곳에 도착했다. 수카르타는 인구 50만의 도시로 우리나라의 80년대 초반 정도의 분위기를 지닌 곳이었다. 하지만 네덜란드가 통치하던 식민지 시절에도 이 작은 도시는 수라카르타 공국이라는 독립국의 당당한 수도로 남아있었다. 옛 지명은 솔로. 솔로는 공주님들이 많은 도시로 불리기도 하는 곳이다. 인도네시아 속어 중에 '뿌뜨리 솔로'라는 말이 있는데 바로 '솔로 공주'라는 뜻이다. 솔로 여성들의 아름다움과 우아함을 이렇게 표현한 것이다. 인도네시아에서 솔로 출신은 대체적으로 예의 바르고 세련되며 말을 조용조용히 하는 호감형의 사람들로 인식된다.

그래서 그랬을까? 조코위 주지사의 첫인상도 나에게는 성자와 같은 느낌으로 다가왔다. 하지만 조용하고 수줍은 인상과는 달리 조국에 대한 조코위 주지사의 열정은 감동하기에 충분한 것이었다.

이날, 조코위 주지사는 수행원도 없이 솔로 이곳저곳을 직접 우리에게 보여주며 투자유치를 독려했다. 그의 에너지가 나에게도 고스란히 전달되었다. 일정이 끝난 후에는 자신의 집에서 저녁을 대접하며 대학에서 한국학을 전공했다는 자신의 아들에 대한 소개를 하기도 했다. 그의 아들이 직접 담근 김치를 우리들 앞에 내어놓았는데 한국에서 먹은 김치보다도 더 맛있었다. 아마도 김치의 특징을 명확하게 이해하고 재료, 제조과정, 보관 방법도 정확하게 지켰기 때문이 아닌가 싶었다.

조코위 대통령의 고향, 옛 솔로를 방문하면서 인도네시아의 구체적인 면모가 나에게 다가왔던 것 같다. 나라를 사랑하고 고향을 위하는 당시 조코위 주지사의 마음이 고스란히 느껴져서 인도네시아를 위해 내가 할 수 있는 일이 무엇일까, 그 일을 통해 인도네시아 발전에 기여하고 싶다는 마음이 더욱 뜨거워졌다.

진심은 이렇게 전염되는 법이다.

인도네시아는 여전히 많은 사람들에게 잘 알려져 있지 않은 보석이지만 나의 보석함에서는 가장 크게 빛나는 보물이다. 나는 진심으로 인도네시아를 알게 된 것을 내 인생의 행운이라고 여기고 있다.

지금까지 인도네시아에서 보낸 7년의 시간으로도, 그리고 지금 머물고 있는 이 시간으로도 인도네시아를 다 알았다고 말할 수는 없을 것이다.

인도네시아의 다양하고 구체적인 면모가 한국인들에게 좀 더 알려졌으면 좋겠다. 아는 만큼 보인다는 말도 있지만 보이지 않던 것을 실재하는 것으로 인식하는 그 과정을 통해 세계를 향한 우리의 이해도 한층 깊어지고 우리들 역시 세계 시민으로 성숙할 것이기 때문이다.

처음 만나는 인니

—

자카르타의 교통 체증은 전 세계적으로도 악명이 높다. 덕분에 자카르타 시민들은 한 해 평균 400시간 이상을 도로에서 보낸다는 통계도 있다. 인도네시아에 부임한 후, 첫 미팅이 있던 날도 자카르타 시내는 극심한 교통 체증으로 거의 마비 상태였다.

2013년 인도네시아의 우기, 비 내리는 자카르타 도심은 주차장을 방불케 했다. 그때 자동차 뒷좌석에 앉아 노심초사하던 내 눈에 들어온 독특한 광경이 생각난다. 도로 주변에 우산을 쓰고 둘씩 셋씩 짝지어 서 있는 아주머니들의 모습.

저 사람들도 얼른 출근을 해야 할 텐데 아직 차도 잡지 못하고 저러고들 서 있으니 얼마나 속이 탈까… 평소 20분이면 도착하는 거리를 2시간 넘게 차 안에 갇혀 꼼짝 못 하고 있던 나는 이심전심, 동병상련으로 걱정이 되었다. 하지만 나중에 알고 보니 그것은 인도네시아 문외한의 오지랖일 뿐이었다.

사실 그들은 나보다 훨씬 이전에 성공적으로 출근을 마친 상태였다. 그들은 자카르타의 명물이라고 해야 할까, 교통 체증이 탄생시킨 이색 직업 '조끼'였던 것이다.

교통 체증이 심한 자카르타에서는 러시아워에 한 차에 세 명 이상 타지 않으면 통행을 할 수 없도록 법으로 정해져 있는데, 이 법규의 틈새를 노린 것이 바로 조끼였다. 러시아워에 어쩔 수 없이 혼자 차를 타고 통행을 해야 하는 경우, 돈을 주고 조끼들을 고용하면 (조끼를 차에 태워 인위적으로 '한 차에 세 명'이 탄 상태를 만들어 내면) 벌금을 물지 않고 출퇴근을 할 수 있는 것이다. 이러한 사실을 알 리 없는 당시의 나는 꽉 막힌 도로에서 차 밖을 내다보며 괜히 그들을 걱정했던 것이다.

그런데 미팅 시간은 다가오지, 마음은 급하지, 차는 움직일 기미가 없지… 더 이상 이렇게 앉아 있을 수는 없다는 생각이 들었다. 이대로는 안 되겠다 싶어 우선 택시에서 내렸다. 그리고 가까스로 고젝을 잡아탔다. 일명 오토바이 택시라고 불리는 고젝. 나는 우산도 쓰지 않은 채, 비를 쫄딱 맞으며 고젝 뒤에 매달려(?) 겨우겨우 늦지 않게 미팅 장소에 도착할 수 있었다.

하지만 당황스러웠던 것은 미팅 장소에 파트너들의 모습이 보이지 않는다는 것이었다. 벌써 다들 가 버린 건가… 첫 미팅부터 이게 무슨 일인가 싶은 그때, 나의 이런 낭패감이 머쓱할 정도로 여유롭게 한 명씩,

두 명씩 파트너들이 등장하는 것이었다. 약 1시간쯤 지났을 무렵이었다.

나중에 안 사실이지만, 인도네시아에서는 비가 오는 날에는 회사에 1시간 정도 늦는 것은 기본적으로 양해를 해준다고 했다. 학생들은 학교에 가지 않는 경우도 많았다. 이 역시 인도네시아 문외한의 낭패감이었던 셈이다.

처음 만나는 인도네시아는 이렇게 나의 한국적인 상식을 다방면에서 뛰어넘었다. 아니, 인도네시아는 그때까지 내가 경험했던 그 어떤 나라와도 달랐다. 일본, 중국, 미국은 물론 같은 동남아시아라고 할 수 있는 베트남, 미얀마와도 전혀 달랐다.

인도네시아에 부임하기 전, 나도 라마단이나 르바란과 같은 인도네시아의 이슬람 문화에 대해서는 어느 정도 알고 있었지만 거의 모든 시스템이 유럽의 영향을 받았다는 사실은 꿈에도 몰랐다. 인도네시아가 네덜란드의 식민 지배를 약 360여 년간이나 받은 나라였다는 사실도 처음에는 알지 못했다.

인도네시아는 유럽의 여느 나라들만큼이나 노동법이 강한 나라였다. 직원들이 아플 때 병가를 내는 것이 제도적으로 보장되어 있을 뿐 아니라 사회적으로도 당연한 권리로 인식되었다. 한국처럼 눈치를 보거나 눈치를 주는 문화가 아니었다.

실제로 계절이 바뀔 때 인도네시아 사람들은 많이 아팠다. 그 무더위에도 두꺼운 옷을 입고 다니는 사람들이 적지 않았다. 하지만 문제는 밤새워 놀다가 아침에 출근하기 싫을 때도 진단서 한 장 끊어서 내밀면 그만이라는 사실이었다. 병원에서 발급하는 것인지는 모르지만 일반적으로 가져오는 진단서는 우리 돈으로 약 200원에서 300원이면 얼마든지 끊을 수 있다고 했다. 선진화된 제도를 악용하는 나쁜 사례라고나 할까?

무슬림이 많은 인도네시아에서는 하루에 5번씩 기

도를 드리는 직원들이 대다수이다. 새 건물을 지을 때도 기도실을 함께 짓는 것이 상식이기도 하다. 그런데 업무 지시를 하거나 경과보고라도 받을라치면 찾는 직원마다 기도실에 가 있는 것은 문제가 아닐 수 없었다.

처음 인도네시아에 부임했을 때는 새벽마다 사방에서 울려 퍼지는 기도 소리에 아침잠을 설치기 일쑤였다. 지금이야 아무렇지도 않지만 거의 1년 이상을 이렇게 고생했던 것 같다. 이제 나도 현지화가 좀 되어 가나 보다 하는 생각이 든다.

그런데 몸이 찌뿌둥하면 진단서를 끊어오고 마음이 찌뿌둥하면 기도실에 가 있는 인도네시아 직원들. 골리앗과 같은 경쟁사와 일대 결전을 앞두고 한마음으로 똘똘 뭉쳐서 만전을 기해도 시원치 않을 판에 이런 안일한 정신을 가진 직원들을 데리고 일을 제대로 할 수 있을 것 같지가 않았다. 무언가 조치를 취하지 않으면 안 되겠다는 생각이 들었다.

하지만 무조건 한국 방식만 고집하며 우리 식대로만 끌고 갈 수는 없는 일이었다. 로마에 가면 로마법을 따라야 하고 회수를 건너면 귤이 탱자가 되듯 인도네시아에서는 인도네시아 문화를 존중하면서도 '귤보다 더 빛깔 좋은 탱자'를 얻을 수 있는 방법을 고민해야 했다.

우선 직원들의 태도를 바꾸는 것이 급선무라는 생각이 들었다. 그 첫 단추가 바로 근태 관리였다. 근태는 회사 생활에 있어 가장 기본이고 근태 관리는 기본에 대한 서로 간의 약속과 같은 것이었다. 하지만 기본이 지켜지지 않는다고 해서 윽박지르고 탓만 해서는 서로 감정만 상할 뿐 문제가 해결될 수 없을 것 같았다.

환경에 변화를 주는 방법을 택하기로 했다. 변화를 통해 변화를 이끌어내는 방법. 우선 사무실을 자카르타 시내 중심가에서 약간 변두리지만 극장이 있는 곳으로 옮겼다. 그때까지 사무실은 자카르타 중심가에 있기는 했으나 사무실이라고 부르기도 민망한 수준이었다. 실제로 가정집의 방을 두 개 터서 만든 공간이기도 했다.

처음 부임 후 사무실을 옮겨야 되겠다고 마음먹은 이유는 첫째 사무 환경을 바꾸어 기존에 가지고 있던 업무 태도, 생각, 자세를 좀 바꿔보자는 것과 둘째 B2C사업에 종사하는 사람들이 고객의 소비 행태, 라이프 스타일, 트렌드를 모르고 사무실에서만 기획을 하는 것은 아니라는 평소 소신 때문이었다.

아침저녁으로 언제든 고객과 극장 운영 직원들과 마주칠 수 있는 현장에 사무실도 같이 있어야 한다고 생각했다. 또 극장 내 사용하지 않는 공간이 많아 그곳을 사무실로 이용하여 비용 절감을 하겠다는 것도 또 하나의 이유였다.

그렇게 3년 동안 총 2번의 이사를 했다. 두 번째에는 시내 한복판의 최신식 건물로 옮겼다. 직원들에게 자부심을 높여주고 머무르고 싶은 분위기를 만드는 것 역시 중요하다고 생각했기 때문이다. 최첨단 빌딩으로 사무실을 옮기니 직원들은 복장부터 달라졌다. 웬일인지 아침에도 일찍 출근하고 심지어 야근도 스스로 하기 시작했다. 아침 10시가 넘어서야 슬리퍼를 질질 끌고 나오던 것이 엊그제 같은데 정말 엄청난 변화였다.

나는 성미가 좀 급한 편이다. 계획한 대로 일이 빨리빨리 진행되지 않으면 표정부터 달라지는 경우도 많다.

인도네시아에서 이런 나의 성미가 많이 중화되었다. 느긋하고 여유로운 인도네시아 직원들과 일을 하다 보니 내가 바뀌지 않으면 안 되었기 때문이다. 처음에는 인도네시아 사람들을 내가 바꿔야 한다는 생각을 하기도 했었다. 그들을 위해서도 그것이 필요하다는 오만한 생각을 가진 적도 있었다. 하지만 인도네시아에서 난생처음 경험하는 문화와 관습, 상황을 계속 맞닥뜨리며 검증된 한국식만이 정답은 아니라는 생각을 하게 되었다.

때로는 돌아가더라도 인도네시아 직원들의 마음을 얻으면서 천천히 가는 방법이 한국식의 '빨리빨리'보다 훨씬 좋은 성과를 내는 경우가 많았다. 속도를 늦추어 착하고 온순하면서도 자존심 강한 인도네시아 사람들과 보폭을 맞추는 것. 그것은 그 자체로 나에게는 하나의 수업이자 도전이었다. 하지만 이 과정을 통해 나도 성장하고 인도네시아인 직원들도 함께 성장했던 것 같다. 처음 만나는 인니(인도네시아)는 변화무쌍한 얼굴로 나에게 전혀 새로운 성장의 노정을 보여주었던 것이다.

인니(인도네시아)판 다윗과 골리앗

—

자카르타 번화가에 있는 그랜드 인도네시아 몰에 들어선다. 로비에 신선한 빵 냄새가 가득하다. 갓 구워낸 빵에서 나는 냄새는 꽃향기만큼이나 황홀하다.

"그런데 여기는 극장인데?"

정신을 차리고 주위를 돌아보면 인도네시아 또라자 커피를 마시며 담소를 나누는 사람들, 질밥을 쓰고 환하게 웃으며 셀카를 찍는 인도네시아 젊은이들의 모습이 눈에 들어온다. 맞다. 여기는 영화관이다.

이런 모습들을 보고 있노라면 극장이 더 이상 영화를 보는 공간이 아니라 제4의 공간이 된 것 같다는 느낌마저 받는다. '제4의 공간'의 구현은 인도네시아 등 해외 진출국에서 먼저 실현되고 있는지도 모르겠다.

그랜드 인도네시아 몰(이하 GI)은 CGV 인도네시아의 플래그쉽 스토어이다. 플래그쉽 스토어는 말 그대로 펄럭이는 깃발처럼 그 브랜드의 대표성을 지닌 얼굴이자 간판이다. 그래서 도쿄의 긴자, 런던의 옥스퍼드 스트리트, 뉴욕의 5번가 등 주요 상점가에 위치하고 있는 경우가 많다.

자카르타 중심에 위치하고 있는 GI몰은 바로 옆에 위치한 플라자 인도네시아 몰까지 합칠 경우 인도네시아 최고의 입지라고 할 수 있는 곳이다. 한국에서 상징성이 강한 코엑스 몰 사이트를 메가박스에게 넘겨준 아쉬움을 인도네시아에서라도 만회한 느낌이다.

그런데 사실 인도네시아는 외국인 자본(외자)의 진입이 불가능한 나라였다. 2012년까지는 외자의 인도네시아 진출을 극히 제한적으로 막아두고 있었고, 2012년경 한국의 CGV가 인도네시아 진출을 모색하고 있다는 소식이 전해지자 아예 법률을 바꾸어 외국인 투자자 진입이 완전히 불가능하도록 봉쇄했었다.

"CGV 중국에서 법인장을 했던 제프(나의 영어 이름)가 온다"

당시 현지 신문의 기사 제목이었다. 인도네시아 언론은 연일 문화 침략이라는 말로 CGV의 인도네시아 진출을 공격했다. 심증이긴 하지만 아마도 당시 1위 사업자가 정치권과 손을 잡고 견제한 탓이 아닌가 한다.

당시 인도네시아 1위의 극장업체는 XXI이었다. 마켓 쉐어 95프로의 절대 강자! 현재도 시장 점유율 면에서 절대 우위를 자랑하는 인도네시아의 골리앗이다. CGV는 당시 2위 업체인 블릿츠 메가플렉스를 경영 위탁하는 우회적인 방식으로 시장 진입을 했다.

블릿츠 메가플렉스는 인도네시아의 소위 금수저 도련님 4인방이 의기투합해서 만든 극장 체인이었는데 1위 업체인 XXI과는 경쟁자라고 할 수도 없을 만큼 격차가 컸다. 2012년 당시 블릿츠 메가 플렉스가 인도네시아 전역에 일곱 개 사이트에서 60개가 안 되는 스크린을 보유하고 있었던 반해 XXI은 600개가 넘는 스크린을 운영하고 있었다.

그때 글로벌 사업본부장으로 있던 내가 인도네시아로 발령을 받았던 이유는 인도네시아 시장의 투자 규모가 컸던 탓도 있지만 법적으로 외국인 투자자가 진입을 할 수 없는 국가라 어떻게든 합법적인 방식으로 진입할 수 있는 길을 찾기 위해서였다.

부임 후 첫 미션은 인수하고자 하는 회사를 인도네시아 주식시장에 상장시키는 것이었다. 첫 시도는 우여곡절 끝에 실패로 끝나 모두가 짐을 싸고 돌아와야 하는 상황에까지 이르렀었다.

한 번만 더 해 보자는 의지와 열정들이 모여 처음부터 다시 상장작업을 하여 마감일, 마감 시간에 맞춰 상장이 통과되었는데 그때의 기쁨은 지금 생각해도 전율로 다가온다.

두 번째 미션은 법적 규제에 대한 빗장을 여는 일이었다. 앞서 말한 대로 로컬기업이면서 1위 사업자인 업체의 방해가 만만치 않았다. 수십 년 동안 독점적 지위를 가지고 시장에서 기득권자로 모든 혜택을 누려온 경쟁사인지라 수단과 방법을 가리지 않고 저지하며 방어선을 구축해 나갔다.

그래서 우리는 제방에 구멍 하나만 만들자는 생각으로 일했다. 그것이 우리의 절대미션이자 우선 과제였다. 왜냐면 아무리 작은 구멍이라도 일단 하나 만들어내기만 하면 제아무리 커다란 제방도 무너뜨릴 수 있다고 믿었기 때문이다.

결국 조코위 대통령으로 바뀐 뒤 그의 개방정책에 힘입은 우리는 그동안 모든 것을 쏟아부어 구축한 네트워크와 실력을 바탕으로 인도네시아로 온 지 4년 만에 외국인 투자에 대한 완전 개방을 이루어 낼 수 있었다.

그 뒤 한국의 극장 사업자를 비롯하여 세계 4위 극장 업체인 멕시코의 시네폴리스 등이 시장 진입을 하게 되었다. 또 콘텐츠 제작 및 배급에 대한 투자도 이전보다 훨씬 많아지게 되었다.

물론 이후에도 인도네시아 사업은 우여곡절이 적지 않았다. 브랜드 변경도 한꺼번에 단행하지 못하고 블리츠 메가플렉스에서 CGV블리츠, CGV로 바꾸는 점진적인 단계를 거쳐야 했다. 하지만 이런 신중한 접근과 노력을 통해 사업을 안정적으로 궤도에 올릴 수 있었다.

현재 CGV인도네시아는 입지 개발을 가속화하여 1

위 경쟁사와의 격차를 많이 줄이고 명실공히 차별화된 시설과 마케팅, 서비스로 인도네시아 고객들의 많은 사랑을 받고 있다. 앞으로도 CGV인도네시아가 더욱 승승장구 할 수 있으리라 믿는다.

KOPI, Coffee, 카페

—

이 또한 잘 알려져 있지 않은 사실이지만 인도네시아는 '커피의 나라'이기도 하다. 브라질, 베트남, 콜롬비아에 이어 세계 4위의 생산량을 자랑하는 커피 대국이라서만은 아니다. 여러 섬으로 나눠진 덕분에 셀 수 없이 다양한 커피 콩들이 생산되기 때문이다.

아체(Aceh)주의 가요(Gayo)커피부터 수마트라(Sumatera)커피, 또라자(Toraja)커피, 자바(Java)커피, 낀따마니(Kintamani)커피, 발리(Bali)커피, 수라바야

(Surabaya)커피 까지. 그 이름을 일일이 열거하기도 숨찰 만큼 인도네시아에는 다양한 커피들이 존재한다.

인도네시아에서는 커피(Coffee)를 발음 나는 그대로 코피(Kopi)라고 읽는다. 네덜란드 식민지 시절인 1696년, 네덜란드인들이 예멘에서 몰래 반출한 커피 종자와 인도에서 가져온 종자를 교배하여 자바섬에 커피 묘목을 심은 것이 인도네시아 커피의 출발점이었다고 한다.

건기와 우기가 뚜렷한 인도네시아의 기후와 무기질이 풍부한 화산 지형은 커피가 자라는데 최상의 환경을 제공했고 인도네시아는 독립 이후 오늘날과 같은 커피 대국으로 발돋움했다. 커피콩 하나 안에도 인도네시아의 역사와 지리, 문화가 모두 녹아있는 느낌이다.

인도네시아 커피는 로부스타가 많다. 소량만 생산

되는 아라비카 커피도 세계적으로 인정받고 있지만 로부스타의 경우는 전 세계적으로 유일하게 습식 가공으로 생산되어 고품질을 자랑한다고 한다. 습식 가공을 통해 단단하고 쓴맛을 띠게 된 인도네시아 로부스타는 에스프레소용으로, 특히 유럽에서 인기가 높다고 하는데 다음에 유럽을 방문할 일이 있으면 꼭 이 에스프레소를 마셔보고 싶다.

그런데 내가 처음부터 이렇게 커피에 관심이 많았던 것은 아니다. 회사 생활을 하던 시기만 해도 나에게 커피는 오로지 '다방 커피'였다. 지금처럼 커피전문점이 많지 않았던 그 시절. 2:2:2의 황금 비율로 조제(?)된 인스턴트커피나 자판기에서 뽑아 마시는 믹스커피 한 잔은 바쁜 업무로 스트레스를 받는 직장인들에게 작은 탈출구이자 숨구멍과 같은 존재였다. 달콤한 믹스 커피 한 잔이 주는 한숨 돌릴 여유. 오랫동안 나에게 커피는 그런 존재였고 그 이상도 그 이하도 아닌, 그것으로 충분한 존재였던 것 같다.

그랬던 내가 요즘은 서울 카페쇼 등 커피 박람회란 박람회는 다 찾아다니고 매일 새로운 커피를 마시며 아라비카와 로부스타를 구분하고 아로마와 바디에 대해 논하게 됐다. 한동안은 인도네시아에서 한국에 올 때마다 이런저런 커피를 가져와서 친구들과 지인들에게 나눠주는 것을 좋아하기도 했었다. 이러한 변화 역시 어쩌면 인도네시아에 발령받지 않았다면 일어나지 않았을 일이다.

필자가 CGV인도네시아의 법인장으로 처음 부임했을 때 공기 중에 배어있는 또라자 커피 향기에 극히 인상적인 느낌을 받았었다. 그것이 발단이라고 할 수는 없겠지만 나는 극장을 오픈할 때 로비를 빵집으로 꾸미기 위해 노력했다. 극장에 들어섰을 때 신선한 빵 냄새와 향긋한 커피 향기가 사람들을 먼저 맞이했으면 싶었기 때문이다. 그래서 인도네시아 반둥의 빠리스 반자바 사이트와 그랜드 인도네시아 사이트에는 베이커리가 들어서 있다.

연인이든 가족이든 언제나 편안하고 기분 좋게 영화를 기다릴 수 있고, 영화를 본 뒤에는 커피 한잔을 앞에 놓고 영화에 대한 감상을 나눌 수 있는 공간. 나는 영화관이 단순히 영화를 보고 나오는 장소가 아니라 영화에 대한 기대를 나누고 영화에 대한 여운을 소화할 수 있는 그런 공간이 되기를 바랐었다.

그러다 보니 자연스럽게 커피에도 관심을 가지게 되었고 이러한 인연 덕분인지 현재 필자는 인도네시아에서 콘텐츠 사업과 함께 커피 사업을 함께 진행하고 있다.

CGV를 떠난 후, 필자는 인도네시아에서 영화 제작과 배급을 하는 사업을 시작하게 되었고 우연한 기회에 커피 사업을 하는 좋은 파트너를 알게 되어 1883 Coffee라는 커피숍 사업도 병행하게 된 것이다. 1883

Coffee는 2019년 여름 자카르타 중심부에 카페를 오픈하여 영업 중이다.

영화 〈바베트의 만찬〉에 '음식은 사람의 따뜻한 마음이 물화된 것'이라는 대사가 나온다. 이는 커피 사업에도 해당되는 말이 아닌가 싶다. 누군가에게는 휴식이고 누군가에게는 위로이고 또 누군가에는 경험인 커피. 1883 Coffee를 통해 사람들에게 휴식과 위로, 즐거운 경험을 선사하는 일을 계속해가고 싶다는 바람이 든다.

인도네시아에서는 커피의 쓴맛을 줄이고 풍미를 풍부하게 만들기 위해 여러 해 동안 원두를 숙성시키기는 방법을 쓴다고 한다. 시간이 지나고 성숙해가면서 우리들도 인생의 쓴맛을 바탕으로 여러 맛을 내는 사람들이 될 수 있었으면 좋겠다.

인도네시아를 방문한다면 루왁 커피가 아니더라도

다채로운 인도네시아 커피들을 마셔보기를 권한다. 그 안에서 인생의 쓴맛과 단맛, 신맛까지 모두 음미할 수 있는 깊은 경험을 가져보시기를 바란다.

영화로 잇는 5,300Km, 한국과 인도네시아

—

TICKET

"열다섯 살 무렵 친구들은 모두 교도소에 가거나 임신한 상태였다. 그런 현실을 벗어나게 해준 유일한 구원은 걸어서 45분 거리의 영화관뿐이었다"

이것은 인도네시아 최고의 장르 영화감독이라는 조코 안와르 감독의 말이다. 그는 매일 칼부림이 벌어지고 범죄가 만연한 빈민가에서 자랐다고 한다. 돈이 없어 환풍구로 영화를 훔쳐보다 생애 처음으로 티켓을 사서 본 영화가 1980년 상영된 〈사탄의 숭배자〉였다고 한다.

그로부터 37년이 지난 2017년, 조코 안와르 감독은 자신의 여섯 번째 작품으로 〈사탄의 숭배자〉를 리부트했다. '평생 가장 인상적인 영화적 체험'이라고 꼽았던 바로 그 영화 〈사탄의 숭배자〉의 동명 프리퀄 말이다.[15]

〈사탄의 숭배자〉는 2017년, 인도네시아에서 〈분노의 질주〉 같은 할리우드 블록버스터를 제치고 인도네시아 역대 흥행 5위, 공포 영화로는 역대 1위에 올랐다. 스코어는 420만 명이 넘는다. 필자가 처음 인도네시아에 부임한 2013년 인도네시아에서 100만 명이 넘는 영화가 한 해 1, 2편에 지나지 않았던 것을 감안하면 〈사탄의 숭배자〉가 거둔 성과가 얼마나 대단한 것인지 알 수 있다.

---

15 중앙일보. (2018. 7.19). 공포영화 속에 숨긴 부패 정치, 인도네시아 보이나요.

국내외 영화제에서 17관왕에 오르는 기염을 토한 〈사탄의 숭배자〉는 한국 투자배급사 씨제이이앤엠(CJ ENM)이 현지 제작사와 공동제작한 영화이기도 하다.[16]

부천 판타스틱 국제 영화제 등 한국에도 여러 번 방문한 바 있는 조코 안와르 감독은 2016년 인도네시아 영화 시장이 전면 개방된 후, 인도네시아에 한국 영화업계의 진출이 크게 늘어난 것에 대해 긍정적으로 평가하며 이렇게 말하기도 했다.

"인도네시아는 인구가 2억6천 명인데, 극장 수는 1,600개에 불과해요. 극장 산업과 영화 제작에 한국의 투자가 늘고 있는 점은 고무적인 일이죠. 좀 더 발전

---

16 한겨레. (2018. 7.17). '사탄의 숭배자'촬영 시작되자 온 동네 개들 한꺼번에 "컹컹"

된 작업 방식, 산업 구조 등을 배울 수 있으니까요." [17]

조코 안와르 감독의 말대로 인도네시아 영화계는 2016년 전까지는 기득권을 가지고 있는 국내 기업들에 의해 빗장이 걸려 있었다. 극장업계는 중국계 기업인 21C와 리포(Lippo) 그룹이 장악하고 있었고, 영화제작 및 투자배급은 엠디(MD), 팔콘(Falcon), 엠브이피(MVP) 등 인도계 기업에 의해 좌지우지되어 왔다.

인구 순위 제4위로 년간 5% 이상의 경제 성장률을 보이며 고도성장을 하고 있는 인도네시아 시장을 생각할 때는 아쉬운 부분이 아닐 수 없다. 인도네시아는 인구수에 비해 영화산업 기반시설이 턱없이 부족한 나라이기도 하다.

---

17 한겨레. (2018. 7.17). '사탄의 숭배자'촬영 시작되자 온 동네 개들 한꺼번에 "컹컹"

이것은 달리 말하면 앞으로의 성장 잠재력이 크다는 뜻이기도 하다. 현재 극장 사업자들은 앞을 다투어 신규부지를 개발하고 영화관을 오픈하는 데 총력을 기울이고 있다. 제작자들 역시 다양한 장르에 도전하고 있다.

이런 상황에서 필자는 중국계와 인도계가 양분하다시피 하고 있는 인도네시아의 극장, 제작 투자 시장에서 한국 기업들이 영향력을 발휘하는 데 기여하고 싶다는 포부를 가지고 있다.

현재 필자는 인도네시아에서 중국과 인도네시아 간 조인트 벤처(Joint Venture)를 설립한 후 한국의 유명한 IP를 구매하여 리메이크로 제작한 후 배급하는 사업을 진행하고 있다. 2019년 8월에는 한국을 대표하는 공포 영화 〈여고괴담〉을 리메이크한 〈수니(Suni)〉를 개봉하기도 했다.

앞으로도 한국의 우수한 영화와 드라마 등 멋진 콘텐츠를 수입하여 인도네시아에 배급하고 이런 비즈니스 관계 구축을 통해 한국과 인도네시아, 인도네시아와 한국, 양국 간의 우호와 교류를 다지는 데 작은 도움이라도 되는 것이 나의 꿈이다.

인도네시아는 알고 보면 역사 이래로 한국과 인연이 깊은 나라이다. 〈목마와 숙녀〉로 유명한 박인환 시인도 인도네시아에서 해운 회사의 직원으로 근무한 적이 있고, 우리나라에서는 친일파의 오명을 씻기 어려운 문제적 인물이지만 인도네시아에서는 독립투사로 헌신한 허영이라는 영화감독도 있었다.

멀게만 느껴지는 나라, 인도네시아.

하지만 알고 보면 우리나라와 닮은 점도 많고 통할 수 있는 지점도 많은 이 나라에 나는 나의 일을 통해 기여하고 양국 간의 거리를 좁히는데 아교와 같은 역할을 할 수 있기를 바란다.

한국의 전통 회화의 밑 작업 중 가장 중요한 일이 바

로 아교 바리기라고 한다. 모든 위대한 그림들도 아교를 제대로 바리는 일로부터 시작된 것이다. 멀티플렉스를 개관하는 극장업에서 영화를 제작하고 배급하는 일로 업을 옮긴 나도 지금 내가 하고 있는 일을 통해 제대로 된 아교 바리기에 일조하고 싶다.

6장

영화관에 간다는 것

영화관에 가는 동물

이탈리아의 철학자 조르주 아감벤은 인간을 두고 영화관에 가는 동물이라고 말했다. 하지만 이제는 이 정의가 약간 바뀌어야 할지도 모르겠다. '인간은 OTT를 보는 동물이다'라고.

OTT는 이제 일상이 되었다. 사람들은 넷플릭스로 오리지널 드라마나 영화를 보고, 웨이브로 놓친 공중파 프로그램을 찾아보고, 국내에서는 공수가 쉽지 않은 미드나 영드들도 왓챠플레이로 손쉽게 감상하곤 한다. 2014년 하우스 오브 카드 1시즌의 전 회차를 하루 만에 전부 공개해 놀라움을 불러일으킨 넷플릭스의 파격은 이제 일상이 되어 버린 것이다.

OTT는 또한 미래이기도 한 것 같다. 아이폰으로 한 시대를 풍미한 애플은 차세대 신사업으로 OTT를 선정했다고 발표했으며, 인도네시아에서는 오젝을 운영하는 회사, 고젝이 OTT에 뛰어들기도 했다. 우리나라로 치면 ㅇㅇ운수, ××여객과 같은 운송업체가 넷플릭스와 같은 사업을 하겠다고 선언한 것이나 마찬가지다. OTT야말로 블루칩이자 블루오션인 것이다.

2019년 11월 디즈니 플러스는 서비스 출시 첫날에만 미국에서 1,000만 명이 가입했다고 한다. 우리나라에서는 CJ E&M이 제이티비씨(JTBC)와 손을 잡고 새로운 OTT서비스를 론칭했고, 에스케이(SK)의 옥수수와 푹(POOQ)이 통합하며 한국 OTT업계의 공룡 웨이브가 탄생했다.

OTT가 풍미하는 이 시대에 영화관이 설 자리는 점점 줄어들고 있는 듯하다. 여러 통계들도 이런 사실을 뒷받침하고 있다. 미국영화협회(MPAA)의 집계에 따르면 2018년 아마존, 넷플릭스, 훌루 등 온라인 플랫폼의 매출이 321억 달러로 전 세계 박스오피스 매출 406억 달러에 바짝 다가섰다고 한다.[18]

관람 문화 역시 바뀌고 있다. 아니, 사람들이 바뀌고 있다고 하는 것이 보다 정확한 표현이 아닐까 싶다. 사람들은 더 이상 극장에 가지 않는다. 개인적인 공간과 시간을 선호하는 요즘 사람들에게 OTT의 도래는 필연인지도 모르겠다.

이런 시대에 극장의 생존을 논하는 것이 어떤 의미

---

18 중앙일보. (2018.7.10). 넷플릭스의 위협, 관객수 정체 돌파하는 영화관의 전략은.

를 지닐 수 있을까?

때로 이것이 옛날 사람의 시대착오적인 발상이나 미련은 아닌가 하는 생각이 들 때도 있다. 하지만 나는 여전히 '인간은 영화관에 가는 동물'이라는 조르주 아감벤의 말을 신봉하고 싶다.

사실 이 말의 정의는 이렇다고 한다. 인간은 다른 동물과 마찬가지로 이미지라는 것에 큰 흥미를 보이지만, 그 이미지가 거짓임을 알고도 그것에 매혹되는 유일한 동물이라는 뜻이라고 한다.

영화관이라는 공간, 2시간 동안 사람들을 어둠 속에 몰아넣고 환상을 보여주던 공간으로서의 영화관은 분명 인간을 매혹하는 공간이었다. 그런데 이제는 일부러 시간을 내고 돈을 내서 '매혹당하러' 가지 않아도 내 집 안방이나, 내가 있는 곳 어디에서나 얼마든지 손쉽게 매혹당할 수 있는 시대가 되었다.

그러면 OTT 천하에서 극장은 도대체 어떤 매력으로

사람들을 다시 매혹시킬 수 있을까?

CGV에서 진행하고 있는 컬처 플렉스나 펀 플렉스, 혹은 세계의 다른 극장들에서 시도하고 있는 노력들은 과연 영화관을 OTT보다 더 매력적인 공간으로 자리매김하게 할 수 있을까? 그러한 일이 가능하려면 어떻게 해야 할까?

나는 온라인을 기반으로 하는 OTT에 대적할 수 있는 영화관의 가장 큰 장점은 오프라인이라는 공간성이라고 생각한다. 무슨 소리인가? 그것은 가장 큰 약점이라고 하지 않았던가? 그렇다. 나는 분명히 그렇게 말했다. 하지만 '또 오고 싶은 공간'이라면, '꼭 가고 싶은 곳'이라면 얘기는 다르지 않을까?

가서 오래도록 머무르고 싶은 공간을 만드는 것.

그런 공간이 될 수 있다면 나는 영화관도 OTT와 얼마든지 경쟁할 수 있다고 생각한다.

사양산업이라는 서점 역시, 츠타야 서점의 경우 취향을 설계한다는 콘셉트로 머무르고 싶은 공간을 창조해냈고 세계적인 명소가 되었다.

그러면 어떻게 하면 영화관을 이런 공간으로 만들 수 있을까? 여기에는 영화관이 가진 모든 역량과 자원을 총동원해야 할 것이라고 생각한다. 공연, 전시와 같은 다른 예술 분야와의 접합, 라이브러리, 씨네 파크, 맘 앤 키즈 존 등 고객의 니즈를 충족시키는 공간 진화, VR, AR, MR, 홀로그램 등 최첨단 기술의 도입과 돌비 시네마, 4DX, Sweet box, SoundX, Super sound, Super 4D 등 극장에서만 경험할 수 있는 몰입감 높은 특수관으로 고객의 발길을 사로잡는 노력 또한 계속되어야 한다.

여기에 스마트 시네마처럼 빅 데이터를 기반으로 영화를 추천하는 것과 같은 개별 관객 맞춤 서비스도

강화해야 한다고 생각한다. 개별 관객 한 사람 한 사람을 소중히 하고 집중해야 하는 것이다.

지금은 OTT 시대다. 넷플릭스는 아프리카에서도 새로운 드라마를 론칭하겠다고 발표했다. 양과 질, 스케일과 스타일 모든 면에서 영화관은 OTT에 상대가 되지 않는 듯도 보인다. 이런 시대, 마치 골리앗을 상대로 한 다윗의 싸움처럼 영화관은 오로지 하나만을 믿고 전장에 나설 수밖에 없다.

공간성이 갖고 있는 인간성.

이것이 어떤 의미인지 다시 한번 고민해야 될 때라고 생각한다.

당신만의 영화축제

—

디즈니, 워너브라더스, 유니버설, 소니(컬럼비아 픽처스), 폭스, 파라마운트.

우리에게도 잘 알려진 할리우드의 6대 메이저 스튜디오이다. 인도네시아에서는 위에서 언급한 할리우드 6대 메이저 필름을 제외한 나머지 영화사의 판권은 극장주가 필름마켓에 가서 직접 구매해야 한다. 일반적으로 배급사에서 구매해 온 필름을 상영을 통해 가치 극대화를 하는 극장업의 본업 위에 하나의 업무가 더

추가되는 셈이다.

덕분에 CGV인도네시아의 법인장으로 있는 4년 동안 나도 소위 4대 필름마켓이라는 칸, AFM, 베를린, 토론토에 매년 가서 영화를 구매해야 했다. 그 외 홍콩 등에서도 크고 작은 영화들을 구매하는 업무를 했었다.

처음 필름마켓에 갔을 때가 기억난다. 얼마 전 봉준호 감독이 〈기생충〉으로 황금종려상을 수상한 바 있는 프랑스 칸영화제였다.

1946년 시작된 칸영화제. 그 오랜 역사만큼이나 명성도 대단해서 나는 기대와 설렘을 품고 칸으로 향하는 승용차에 몸을 실었다. 파리에서 칸으로 가는 길. 프랑스 남부의 풍경에 잠시 눈을 두다 보니 어느새 칸에 다다르게 되었다.

칸에 도착한 나는 우선 영화제가 가진 화려한 명성에 비해 생각보다 작고 소박한 도시 풍경에 놀랐고,

도시 전체가 영화제의 공기로 설레는 광경에 또 한 번 놀라지 않을 수 없었다. 영화제가 왜 필름의 축제인지 피부로 와 닿는 순간이었다.

베를린 영화제에서는 세계적인 배우와 감독들이 독일을 상징하는 자동차, 아우디에 몸을 싣고 연이어 레드카펫 위로 등장하는 모습에 압도되기도 했었다. 마치 휘황찬란한 별천지에 온 듯한 기분이 들었었다.

하지만 이렇게 화려한 모습은 필름마켓의 한 단면일 뿐이다. 한 꺼풀만 들춰보면 필름마켓은 치열한 필름 경매 시장, 딜 메모 몇 장에 승부를 걸어야 하는 영화 전쟁터 같은 곳이다. 츠타야 서점의 마스다 무네아키 사장이 그의 책에서 지적한 것처럼 '유대인이 자본주의 안에서 증권시장을 만들었듯 할리우드 사람들은 지적 자본인 콘텐츠 분야 안에서 영화제라는 또 하나의 시장을 만들어낸 것'이다.

시장은 곧 전쟁터이기도 하다. 필름마켓에서는 캐

스팅과 타이틀밖에 정해지지 않은 딜 메모 한 장으로 시간에 쫓기듯 의사결정을 해야 한다. 그 이상의 정보는 제공되지 않는다.

이렇게 제한적인 정보에 의지해 적게는 수만 불에서 많게는 수십만 불을 배팅해야 한다. 그러니 그 압박감은 단 한 발의 총알로 희미하게 보이는 과녁을 명중시켜야 하는 저격수의 그것과 맞먹는다고 할 것이다. 실제로 30분 단위로 이어지는 미팅은 육체적으로도 유격훈련에 맞먹는 강행군이다. 하루에 10개 이상의 미팅을 소화하다가 진짜 병원 신세를 진 적도 있을 정도다.

그런데 이런저런 고생을 하면서 사들인 영화가 성공을 하면 마치 아이처럼 기쁘다. 내가 인도네시아 법인장으로 근무하는 동안 칸 영화제에서 구매한 〈도라에몽〉은 인도네시아에서 엄청난 흥행을 기록해 효자 노릇을 톡톡히 해주기도 했다.

우리나라에도 잘 알려진 일본 애니메이션 〈도라에몽〉은 주인공 캐릭터가 귀엽기도 하지만, 도라에몽과 친구들의 모험을 다룬 스토리 자체도 흥미진진하여 인도네시아 어린이들에게 충분히 어필할 수 있을 것으로 판단되었다. 인류 공통의 가장 사랑받는 플롯이 바로 모험 플롯이 아니던가?

도라에몽은 약 3만 불에 판권을 사들여 4백만 불의 박스오피스를 기록했으니 130배의 수익을 거둔 셈이다. 인도네시아 1위 극장업체인 XXI에서도 상영했다면 천만 불 이상의 흥행이 가능했을지도 모를 일이다.

그러나 모든 영화들이 늘 이렇게 대박을 치는 것은 아니다. 어떤 영화는 비싼 가격에 구매를 했는데 제작 과정에서 시나리오, 감독, 배우 등이 애초의 계획과는 완전히 다른 방향으로 가거나, 제작비 조달 등의 문제로 기대에 미치지 못하는 결과물이 나오는 경우도 있다. 이렇게 되면 흥행 면에서도 참패를 면하기 어렵다.

하지만 이런 성공과 실패의 경험들이 지금 내가 한국도 아닌 인도네시아에서 영화를 제작하고 배급하는 일을 할 수 있게 해준 자양분이 된 것은 아닌가 하는 생각도 든다. 콘텐츠를 좀 더 깊게 들여다보고 신중하게 이해하려는 자세와 습관도 모두 이때 생긴 것이다.

(지금 한국 영화는 플랫폼과 콘텐츠의 융합으로 전성기를 맞은 느낌이다. 오랫동안 멀티플렉스라는 플랫폼 비즈니스에 종사하며 플랫폼의 중요성에 방점을 두었던 나의 인식과 시각도 이 업무를 통해 비로소 바뀌기 시작했다. 콘텐츠의 힘과 중요성을 인식하게 된 것이다.)

콘텐츠를 제작하여 배급하든, 필름마켓에서 구매를 하여 배급을 하든 콘텐츠를 핸들링하는 것은 갬블비지니스의 성격이 강하다. 달리 말하면 흥행업.

극장업과 콘텐츠업이라는 흥행업에 몸담으며 내가 한 가지 배운 것이 있다면, 바로 흥행업에 종사하는 사람들은 일희일비할 필요가 없다는 사실이다. 지금의 성공이 아무리 화려해 보여도 영원한 승리를 보장해 주지 못하고 현재의 실패가 아무리 참담해도 완전한 패배로 낙착되지 않는다. 언제든 왕좌에서 내려올 수 있고 누구든 다시 도약할 수 있다는 사실.

그런 세계를 가까이에서 경험하며 나는 어쩌면 인생에도 정답이나 비결이 없는 것은 아닐까 하는 생각을 하게 되었다.

정답도 비결도 없는 흥행의 세계.

마찬가지로 정답도 비결도 없는 인생.

그저 묵묵히 자기 길을 걷는 것 외에는 다른 방법이 없는 것 같다. 자기 길을 간다고 해서 모두가 성공하는 것도 아니고 늘 꽃길만 걷게 되는 것도 아니다. 하지만 요령에 의지하고 비결을 찾아 헤매다 보면 인생은 어느새 방향을 잃고 내가 처음 선택했던 영화의 원형마저도 잊어버리게 되는 지경에 이를지 모른다.

인생의 변화무쌍한 곡선.

당신이 지금 그 위 어디쯤 가고 있는지 모르지만 그 어떤 상황 속에서도 당신이라는 영화를 끝까지 완성하기를 기원한다. 그래서 여러분이 선택한 영화관에서 가장 황금 시간대에 상영하기를 바라본다. 그곳이 멀티플렉스이든, 단관의 아늑한 극장이든, 아니면 야외극장이나 오직 한 사람만을 위한 프라이빗 극장이든 그곳에서 당신만의 영화축제가 열리기를 바란다.

에필로그

—

나에게 영화관은 단순히 영화만 보는 공간은 아니다.

CGV를 떠난 후, 인도네시아에서 영화 제작과 배급,
그리고 커피와
그 밖에 다양한 비즈니스를 하고 있으면서도
영화관에 대한 나의 애정은 여전히 공고하다.

OTT의 물결이 휩쓸고 있는 인도네시아에서
넷플릭스로 〈그레이스와 프랭키 시즌 6〉를 보는 중에도
나는 영화관에 대한 애정을 놓지 않고 있으며
영화관에 대한 나의 신뢰는 편파적이기까지 하다.

나는 영화관이 사람들에게 기쁨과 즐거움을

줄 수 있다고 믿는 사람이다.

나에게 영화관은 더 넓은 세상을 접하고

더 많은 사람들을 만나고

더 신나는 경험을 하는 곳이기 때문이다.

서울에서 대학교를 다니던 1987년 겨울,

내 생애 처음으로 친구들과 함께 극장에서

〈영웅본색〉을 본 날을

나는 아직도 기억한다.

종로, 길게 늘어선 줄. 그리고 손에 쥔 한 장의 티켓과

영화관에 가득한 어둠을 밀어내며
은막 위를 수놓던 2시간의 대 서사시.

그 시간은 비단 주윤발과 장국영을 만난
시간만은 아니었다.
친구들과 함께 한 시간이었고
영화에 대한 이야기를 나누고
오스스한 추위 속에서 영화를 보기 전과는
조금 달라진 감상과 눈빛으로
집으로 향하는 시간이기도 했다.

나는 촌스럽게도 아직도 이런 것들이

필요하다고 믿는 사람이다.

일부러 시간을 내고

일부러 약속을 잡고

그래서 한 번 더 만나고

서로의 이야기에 귀를 기울이고

영화를 매개로 소통하기 위해 노력하는 것.

나는 그런 것들이 사람을 사람답게 해준다고 믿는

옛날 사람이다.

OTT는 물론 너무나 매혹적이고

모든 전문가들의 말대로 극장업은 사양산업인지도

모르겠다.

하지만 한때 사양산업이었던
신발과 옷이 사람들에게 여전히 필요하듯
나는 영화관도 여전히 필요하고 앞으로도
그럴 것이라고 믿는다.

20여 년간 대한민국을 비롯하여
중국 대륙의 최북단에서 최남단은 물론,
미국, 베트남, 미얀마, 인도네시아에서
영화관을 지어오던 사람으로서,
이제는 우리나라도 아닌 인도네시아에서

영화를 제작하고 배급하는 사람으로서,

나는 영화관이라는 공간이 영화를 매개로

많은 사람들에게 조금이라도 더

사람 냄새나는 시간을 제공하는

장소가 되기를 바란다.

그리고 그 공간 안에서

더 많은 사람들이 꿈과 기쁨을 찾기를 바란다.

마지막으로

이 책이 나오기까지 많은 도움을 준

CGV 선배님, 동료, 그리고 후배님들에게

고마움을 전한다.
특히 인도네시아에서 근무하고 있는 후배님들에게
깊은 감사의 말씀을 드린다.

아울러 나의 오랜 해외 주재로 인해
국내에서 해외로, 다시 해외에서 국내로
때로는 해외에서 해외로,

아빠 때문에 몇 번이나 이리저리
학교를 옮겨 다녔음에도 불구하고
대견하게 잘 자라준
아이들에게 고맙고 자랑스럽다는 말을 전하고 싶고

그 숱한 이동 과정 중에 몇 번이나 혼자 이삿짐을
싸고 풀면서도 짜증 한번 내지 않고
낯설고 녹록지 않은 이국 생활에 이루 헤아릴 수 없는
어려움에 맞닥뜨렸을 텐데도
묵묵히 아이들을 잘 키워준 아내에게
사랑과 존경을 담아
고맙다는 말을 거듭 전하고 싶다.

참고문헌

노경래 (2017). 〈한국인이 꼭 알아야 할 인도네시아〉. 서울: 순정아이북스.

류형진 (2005). 〈멀티플렉스 산업 연구〉. 영화진흥위원회.

백석. (1999). 〈나와 나타샤와 흰 당나귀〉. 서울: 시와 사회

조성진 (2018). 〈멀티플렉스 레볼루션〉. 서울: ER북스.

장하준 (2011). 〈나쁜 사마리아인들〉. 이순희(역). 서울: 도서출판 부키.

마스다 무네아키 (2018). 〈취향을 설계하는 곳〉. 장은주(역). 경기: (주)위즈덤하우스 미디어그룹.

무라카미 하루키 (2015), 〈나는 여행기를 이렇게 쓴다〉. 김진욱(역). 서울: (주)문학사상.